Inhalt

Stadt der Polen – Stadt der Deutschen ... 9

Danzig gestern ... 17
Kleine Danziger Zeittafel 18
Urspünge zwischen Mottlau, Radaune und Weichsel 20
Danzig und der Deutsche Ritterorden 23
Die Hansestadt: Stadt des Handels und Gewerbes 26
1815–1919: Danzig – eine preußische Stadt 41
1920–1939: Die Freie Stadt Danzig 42
Gdańsk – Eine neue Ära beginnt 48
Chronologie der achtziger Jahre 54

Danzig heute ... 59
Wirtschaft – Politik – Gesellschaft 59
Kultur 70
Hochschulen und Universität 78

Rundgänge durch Danzig ... 81
Ein Rundgang durch das alte Danzig 83
Die Altstadt 128
Die alte Vorstadt 138
Hafenrundfahrt und Besuch der Westerplatte 139

Abseits der touristischen Zentren ... 145
In-Wrzeszcz/Langfuhr auf den Spuren Oskar Matzeraths 145
Matemblewo 150
Oliwa 152
Sopot 159
Gdynia 161
Die Halbinsel Hel 166
Weichselnehrung und Bernsteinküste 168
Stutthof:–Ein düsteres Kapitel deutscher Geschichte 172
Das Frische Haff 174
Frombork 177
Elbląg 177
Malbork, die Marienburg 178
Die Kaschubische Schweiz 181

Reiseinformationen von A – Z ... 185

Kleiner Sprachführer ... 198
Literaturhinweise 200

Stadt der Polen – Stadt der Deutschen

Gdańsk, Danzig – keine andere polnische Stadt kann auf eine so wechselvolle Entwicklung in ihrer nahezu tausendjährigen Geschichte zurückblicken. Keine andere Stadt gewährt auch heute noch so tiefgreifende Einsichten in das Zusammenleben von Polen und Deutschen, in guten wie in schlechten Zeiten. Viele Jahrhunderte gehörte die traditionsreiche Hansestadt zu Polen, sie war eine von Deutschen bewohnte unabhängige Stadtrepublik im polnischen Königreich. Das protestantische Danzig des 16. und 17. Jahrhunderts war die größte, die reichste und mächtigste Stadt im katholischen Polen. Einige Jahrhunderte lang war sie unter deutscher Herrschaft, gehörte zum Ordensstaat, zum preußischen Königreich, zum Deutschen Reich. Zweimal in ihrer Geschichte war die Stadt an der Weichselmündung eine »Freie Stadt«.

Fast sieben Jahrhunderte lang lebten hier Polen und Deutsche zusammen. Spätestens seit dem deutschen Angriff auf Polen am 1. September 1939, der mit den Schüssen auf die Westerplatte in Danzig begann, gehört dieses gemeinsame Zusammenleben der Vergangenheit an.

1945, nach der Befreiung Danzigs, zogen neue Einwohner in die Stadt. Aus allen Teilen Polens kamen sie, aus den früheren polnischen Ostgebieten und aus deutschen Konzentrationslagern. Sie bauten das alte Danzig wieder auf, das bis zur Vernichtung von der deutschen Wehrmacht verteidigt worden war und in Schutt und Asche lag. Die wiedererstandene Altstadt ist eine Meisterleistung polnischer Restauratorenkunst. Sie braucht heute den Vergleich mit vielen alten Stadtzentren Europas keineswegs zu scheuen.

Ein neues Kapitel in der Geschichte der Deutschen und Polen wurde mit der Ostpolitik Willy Brandts aufgeschlagen. Mit Beginn der 70er Jahre – seit Unterzeichnung der Warschauer Verträge – wurde es für Deutsche aus der alten Bundesrepublik wieder möglich, Gdańsk als Tourist zu besuchen. Inzwischen sind die Grenzen, die Ost- und Westeuropa jahrzehntelang trennten, offen. Das vereinigte Deutschland hat im November 1990 im deutsch-polnischen Grenzvertrag die polnische Westgrenze an Oder und Neiße völkerrechtlich verbindlich anerkannt. Beide Länder haben im Juni 1991 einen Vertrag über gute Nachbar-

Angler an der Mottlau

schaft und freundschaftliche Zusammenarbeit geschlossen. Polen strebt die Mitgliedschaft in der Europäischen Union und der Nato an.

Die Länder, die Städte und die Menschen sind einander heute näher gerückt, als es noch vor wenigen Jahren überhaupt vorstellbar war. Danzig orientiert sich geographisch, politisch und ökonomisch neu. Von Berlin oder Bremen liegt Gdańsk kaum weiter entfernt als München oder Paris.

Eine Reise in diese Stadt lohnt sich. Sie kann Eindrücke in die Geschichte genauso vermitteln wie in die gegenwärtige ökonomische und politische Umgestaltung Osteuropas. Gdańsk war schon zu Zeiten des Sozialismus Zentrum politischer Bewegungen: Auf der Lenin-Werft stand die Wiege der Gewerkschaft Solidarność und hier wurde schon 1980 mit dem Danziger Abkommen eine für damalige Verhältnisse erstaunliche Zusammenarbeit von unabhängiger Gewerkschaft und Regierenden begründet.

Eine Reise nach Gdańsk ist zugleich aber vor allem eine Reise an einen der schönsten Abschnitte der Ostseeküste. Kilometerlange Sandstrände in reizvoller Umgebung prägen das Bild von den Sandküsten Łebas, westlich von Danzig, bis hin nach Krynica Morska 80 km östlich von Danzig in unmittelbarer Nähe zur Grenze nach Rußland oder Litauen. Die kaschubische Seenplatte, Malbork, das frühere Marienburg und die Weichselmündung sowie die Halbinsel Hel sind touristische Attraktionen.

Dieses Reisehandbuch will einen Einblick in die Geschichte, in das politische, wirtschaftliche und kulturelle Leben und die Schönheit der fünftgrößten Stadt Polens vermitteln.

Doch schon beim Namen stocken wir: Gdańsk oder Danzig? Sollen wir den im deutschen Sprachgebrauch üblichen oder den polnischen Namen benutzen? In vielen anderen Ländern ist dieses kein Problem, sprechen wir doch auch von Mailand und nicht von Milano. Doch die Geschichte zwischen Deutschen und Italienern verlief anders als die zwischen Deutschen und Polen. Freilich sagen wir auch Warschau. Warszawa ist allerdings auch von jeher eine polnische Stadt. Gdańsk hingegen trug in seiner Geschichte beide Namen und wurde von Polen und Deutschen bewohnt. Fast ein halbes Jahrhundert nach Ende des 2. Weltkrieges können wir uns freilich unbefangener dieser Stadt nähern als noch in den fünziger und sechziger Jahren. Heute leben in Gdańsk überwiegend Menschen, die den 2. Weltkrieg nicht aus eigener Anschauung erlebt haben und auch die meisten deutschen Touristen, die jetzt oder in Zukunft Gdańsk besuchen, sind nach dem Krieg geboren worden. Dies macht es einfacher, vor dem Hintergrund der Geschichte vorurteilsfrei auf einander zuzugehen. So verwenden wir denn beide Namen für die traditionsreiche Stadt.

Krystyna und Heiner Heseler

Günter Grass

Kleckerburg

*Gestrichnes Korn, gezielte Fragen
verlangt die Kimme lebenslang:
Als ich verließ den Zeugenstand,
an Wände, vor Gericht gestellt,
wo Grenzen Flüsse widerlegen,
sechstausend Meter überm Mief,
zuhause, der Friseur behauchte
den Spiegel und sein Finger schrieb:
Geboren wann? Nun sag schon, wo?*

*Das liegt nordöstlich, westlich von
und nährt noch immer Fotografen.
Das hieß mal so, heut heißt es so.
Dort wohnten bis, von dann an wohnten.
Ich buchstabiere: Wrzeszcz hieß früher.
Das Haus blieb stehen, nur der Putz.
Den Friedhof, den ich, gibts nicht mehr.
Wo damals Zäune, kann heut jeder.*

So gotisch denkt sich Gott was aus.
Denn man hat wieder für viel Geld.
Ich zählte Giebel, keiner fehlte:
das Mittelalter holt sich ein.
Nur jenes Denkmal mit dem Schwanz
ist westwärts und davon geritten.

Und jedes Pausenzeichen fragt;
denn als ich, zwischen Muscheln, kleckerte mit Sand,
als ich bei Brentau einen Grabstein fand,
als ich Papier bewegte im Archiv
und im Hotel die Frage in fünf Sprachen:
Geboren wann und wo, warum?
nach Antwort schnappte, beichtete mein Stift:

Das war zur Zeit der Rentenmark.
Hier, nah der Mottlau, die ein Nebenfluß,
wo Forster brüllte und Hirsch Fajngold schwieg,
hier, wo ich meine ersten Schuhe zerlief,
und als ich sprechen konnte,
das Stottern lernte: Sand, klatschnaß,
zum Kleckern, bis mein Kinder-Gral
sich gotisch türmte und zerfiel.
Das war knapp zwanzig Jahre nach Verdun;
und dreißig Jahre Frist, bis mich die Söhne
zum Vater machten; Stallgeruch
hat diese Sprache, Sammeltrieb,
als ich Geschichten, Schmetterlinge spießte
und Worte fischte, die gleich Katzen
auf Treibholz zitterten, an Land gesetzt,
zwölf Junge warfen: grau und blind.

Geboren wann? Und wo? Warum?
Das hab ich hin und her geschleppt,
im Rhein versenkt, bei Hildesheim begraben;
doch Taucher fanden und mit Förderkörben
kam Strandgut Rollgut hoch, ans Licht.

Bucheckern, Bernstein, Brausepulver,
dies Taschenmesser und dies Abziehbild,
ein Stück vom Stück, Tonnagezahlen,
Minutenzeiger, Knöpfe, Münzen,
für jeden Platz ein Tütchen Wind.
Hochstapeln lehrt mein Fundbüro:
Gerüche, abgetretne Schwellen,

verjährte Schulden, Batterien,
die nur in Taschenlampen glücklich,
und Namen, die nur Namen sind:
Elfriede Broschke, Siemoneit,
Guschnerus, Lusch und Heinz Stanowski;
auch Chodowiecki, Schopenhauer
sind dort geboren. Wann? Warum?
Ja, in Geschichte war ich immer gut.
Fragt mich nach Pest und Teuerung.
Ich bete läufig Friedensschlüsse,
die Ordensmeister, Schwedennot,
und kenne alle Jagellonen
und alle Kirchen, von Johann
bis Trinitatis, backsteinrot.
Wer fragt nach wo? Mein Zungenschlag
ist baltisch tückisch stubenwarm.
Wie macht die Ostsee? – Blubb, pifff, pschsch ...
Auf deutsch, auf polnisch: Blubb, pifff, pschsch ...
Doch als ich auf dem volksfestmüden,
von Sonderbussen, Bundesbahn
gespeisten Flüchtlingstreffen in Hannover
die Funktionäre fragte, hatten sie
vergessen, wie die Ostsee macht,
und ließen den Atlantik röhren;
ich blieb beharrlich: Blubb, pifff, pschsch ...

Da schrien alle: Schlagt ihn tot!
Er hat auf Menschenrecht und Renten,
auf Lastenausgleich, Vaterstadt
verzichtet, hört den Zungenschlag:
Das ist die Ostsee nicht, das ist Verrat.
Befragt ihn peinlich, holt den Stockturm her,
streckt, rädert, blendet, brecht und glüht,
paßt dem Gedächtnis Schrauben an.
Wir wollen wissen, wo und wann.

Nicht auf Strohdeich und Bürgerwiesen,
nicht in der Pfefferstadt, – ach, wär ich doch
geboren zwischen Speichern auf dem Holm! –
in Strießbachnähe, nah dem Heeresanger
ist es passiert, heut heißt die Straße
auf polnisch Lelewela – nur die Nummer
links von der Haustür blieb und blieb.
Und Sand, klatschnaß, zum Kleckern: Gral ...
In Kleckerburg gebürtig, westlich von.
Das liegt nordwestlich, südlich von.
Dort wechselt Licht viel schneller als.
Die Möwen sind nicht Möwen, sondern.
Und auch die Milch, ein Nebenarm der Weichsel,
floß mit dem Honig brückenreich vorbei.

Getauft geimpft gefirmt geschult.
Gespielt hab ich mit Bombensplittern.
Und aufgewachsen bin ich zwischen
dem Heilgen Geist und Hitlers Bild.
Im Ohr verblieben Schiffssirenen,
gekappte Sätze, Schreie gegen Wind,
paar heile Glocken, Mündungsfeuer
und etwas Ostsee: Blubb, pifff, pschsch ...

Mit freundlicher Genehmigung des Luchterhand Literaturverlages, aus: Günter Grass: DIE GEDICHTE (Art. 61754). Sammlung Luchterhand 745, 1988, © Luchterhand Literaturverlag, Hamburg.

Anlegestelle am Grünen Tor

Danzig gestern

Das älteste Danziger Siegel von 1224
»Sigillum Burgensium Dantzike«

Kleine Danziger Zeittafel

um 800	In der Nähe der Mottlau entsteht eine slawische Siedlung
997	Erste Erwähnung der slawischen Burg »Gyddanyzc«, die an der Mündung der Mottlau in die Weichsel lag.
ab 1100	Deutsche Kaufleute, vornehmlich aus Lübeck, lassen sich am Südrand der slawischen Siedlung nieder.
1235	Von den deutschen Kaufleuten erwarten sich die pommerschen Herzöge viel für die Entwicklung der Stadt und verleihen deshalb der deutschen Siedlung das Lübecker Stadtrecht. Sie wird zur »Rechtstadt«.
Um 1350	gründet der Deutsche Orden die Neustadt als Gegengewicht zur einflußreichen Rechtstadt.
1361	Danzig wird Mitglied der Hanse.
1377	Die älteste Siedlung Danzigs, die slawische Altstadt, erhält das kulmische Stadtrecht.
1454 – 1466	Danzig löst sich vom Deutschen Orden und wird eine unabhängige Stadt im polnischen Königreich.
16./17. Jhd.	Blütezeit der Hansestadt. Die prachtvollsten öffentlichen und privaten Gebäude entstehen.
1793	Zweite Teilung Polens, gegen den Widerstand der Danziger wird die Stadt von den Preußen besetzt.
1807 – 1814	Danzig wird durch napoleonische Truppen befreit und zur Freien Stadt erklärt.
1814	Danzig wird preußisch.
1920	Danzig wird als Freie Stadt vom Völkerbund verwaltet.
Ab 1933	Die nationalsozialistische Stadtregierung untergräbt systematisch den Status als Freie Stadt und forciert Nationalismus und Rassismus gegen die polnische Bevölkerung.
1939	Mit dem Überfall auf Polen und der Entfesselung des Zweiten Weltkrieges wird Danzig dem Deutschen Reich einverleibt.
1945	Der historische Stadtkern wird im Verteidigungskampf der Wehrmacht total zerstört.

1952	Der Stadtrat beschließt die komplette Rekonstruktion des historischen Stadtkerns.
bis 1970	Danzig wird zum Werftenzentrum Polens und damit zum Motor der wirtschaftlichen Entwicklung.
1970	Streik der Danziger Werftarbeiter
1980	Die Wirtschaftskrise Polens provoziert in der Stadt eine massenhafte Streikbewegung. Die Solidarność wird gegründet.
1981 – 1983	Das Kriegsrecht treibt die Gewerkschaft in die Illegalität.
1989	Wahlen führen zu einem Umsturz der politischen Verhältnisse. Die von Danzig ausgehendeSolidarność wird zur stärksten politischen Macht im Lande.
1990	Der ehemalige Danziger Arbeiterführer Lech Wałęsa wird zum Präsidenten Polens gewählt.
1997	Gdańsk feiert sein tausendjähriges Stadtjubiläum.

Der Hafen an der Mottlau, Herz des wirtschaftlichen Lebens in der Blütezeit Danzigs im 16./17. Jahrhundert. Blik auf das Grüne Tor (links) und die Speicherinsel (rechts).

Urspünge zwischen Mottlau, Radaune und Weichsel

Die Ursprünge Danzigs sind im Nebel der frühmittelalterlichen Geschichte nur schemenhaft sichtbar. Wenige Menschen der damaligen Zeit konnten lesen und schreiben, daher mangelt es an schriftlichen Dokumenten aus der Gründungszeit. Irgendwann im 10. Jahrhundert, vielleicht auch schon Ende des 9. Jahrhunderts, erfolgte die Gründung Danzigs. Archäologische Grabungen, die zwischen 1971 und 1974 durchgeführt wurden, belegen, daß um diese Zeit in der Nähe des Rechtstädtischen Rathauses eine frühmittelalterliche Siedlung und auch schon ein befestigter Hafen existierten.

Gründer des ältesten Danzig waren Slawen, die zu jener Zeit im ganzen Land an der Ostseeküste westlich der Weichsel siedelten. Po More, Pomorze, Pommern, Land am Meer – so nannten sie dieses Gebiet. Pomerellen heißt später der Teil von Łeba an bis zur Weichsel. Östlich der Weichsel hatte sich ein nicht-slawischer Stamm, die Pruzzen, festgesetzt.

Urkundlichen Eingang in die Geschichte fand Danzig im Jahr 997, als Bischof Adalbert von Prag eine Fahrt auf der Weichsel unternahm, um die heidnischen Pruzzen zum Christentum zu bekehren. Bei der slawischen Siedlung »urbs Gyddanyzc« unterbrach er die Fahrt, taufte eine große Zahl von Heiden und setzte schon am nächsten Tag die Fahrt fort. Die Bezeichnung urbs deutet darauf hin, daß die älteste Danziger Siedlung für damalige Verhältnisse bereits eine beachtliche Bedeutung hatte. Gyddanicz lautet der erste überlieferte, unzweifelhaft slawische Name für diesen Ort. In der Folgezeit erfuhr der Name viele Veränderungen, so sind unter anderem »Kdanzc« (1148), »Gdanzc« (1178) und »Gdantz« (1198) überliefert. Im 13. Jahrhundert erschien er erstmals in einer Form, die der deutschen Namensgebung Danzig ähnlich ist.

Die geographische Lage an der Kreuzung wichtiger Handelswege war äußerst günstig. Drei Flüsse treffen hier zusammen: Die Mottlau, deren Ufer von unwegsamen Sümpfen begleitet sind, und die Radaune fließen in die Weichsel, die damals noch ungeregelter verlief und im Mündungsgebiet oft kilometerweit das Land überschwemmte. Die Weichsel stellte die Hauptverbindungslinie zum nahen Meer, aber auch zum ausgedehnten Hinterland her. Auch Landrouten nahmen hier ihren Ausgang. Eine führt südlich bis nach Krakau und Ungarn, im 13. Jahrhundert war sie als Via Regia bekannt, eine andere führte nach

Schlesien und eine dritte westlich nach Stolp, Kolberg und Stettin.

»Wenn man die Frage aufwirft, wie das älteste Danzig damals ausgesehen hat, so wird sich nur eine sehr unvollkommene Antwort darauf geben lassen. Es muß am Wasser gelegen haben, wahrscheinlich aber nicht an der Mottlau, denn deren Ufer waren auch noch Jahrhunderte später von unwegsamen Sümpfen begleitet, sondern wohl an der Weichsel unterhalb der Mottlaumündung, da wo später die Jungstadt sich ausdehnte, nicht weit von der Kaiserlichen Werft. Ganz klein ist der Ort wohl nicht mehr gewesen, denn er wird als urbs bezeichnet, wohl aber noch unbefestigt, mit Häusern oder Hütten primitivster Bauart. Die Bevölkerung wird von Fischfang, Schiffahrt und den Anfängen des Handels gelebt haben. Scheint doch die Fahrt, wie sie Adalbert von Prag machte, nichts Außergewöhnliches gewesen zu sein, so daß wir auf einen bestehenden Verkehr mit dem polnischen Hinterlande schließen können.« (Paul Simson, 1913)

Im 10. und 11. Jahrhundert brannte die fast ausschließlich aus Holz gebaute Stadt, in der etwa 1000 Menschen lebten, mehrfach ab. Im 12.

Rekonstruktion der Siedlung im 10. Jahrhundert an der Mündung der Mottlau und Radaune in die Weichsel

Jahrhundert stieg die Einwohnerzahl schon auf über 2000 und wuchs ständig weiter. Die ersten Siedlungen außerhalb der Stadtmauern entstanden an den Handelsrouten nach Tczew und Oliwa. Im 13. Jahrhundert gehörte Danzig mit 10.000 Einwohnern bereits zu den Großstädten an der Ostseeküste.

Noch waren die Bewohner in den Siedlungen um die Danziger Burg überwiegend Slawen, doch immer mehr Einwanderer kamen aus dem Westen, insbesondere aus Deutschland, hinzu. Sie wurden in vielfältiger Weise von den Herzögen Pomerellens und anderen slawischen Fürsten gefördert, denn sie brachten fortgeschrittenere Technologien, mehr Kapital und bessere Handelsverbindungen mit. Manche Kaufleute, die von Lübeck oder anderen Städten kommend in Danzig Geschäfte abwickelten, ließen sich hier nieder, um ihr Gewerbe direkt vor Ort zu betreiben. Schon im 13. Jahrhundert hatte Danzig zu Lübeck besonders enge Beziehungen und übernahm auch das lübische Stadtrecht.

In das Weichselland zogen auch viele Mönche, um die Christianisierung der Pruzzen voranzutreiben. Aus Dänemark kamen schon um 1170 die Mönche des Zisterzienserordens nach Pommern und gründeten 1178 als Schenkung des Pommerellenherzogs Subislaus das Kloster Oliwa. Diese Mönche errichteten in jener Zeit in den Ostseeländern eine Niederlassung nach der anderen, erwarben große Ländereien und betrieben in großem Stil Landwirtschaft.

Nach Danzig kamen um 1200 auch die Predigermönche des Dominikanerordens unter Führung des Hl. Hyanzinth, des Priors des Krakauer Dominikanerklosters. Die »Schwarzmönche« wurden vom polnischen König gefördert und erhielten wichtige Rechte in der Stadt. Herzog Swietopolk schenkte ihnen die Nikolaikirche, die sie zusammen mit dem Kloster ausbauten. Bis Anfang des 19. Jahrhunderts war das Dominikanerkloster in Danzig der bedeutendste Träger des katholischen Glaubens. Während die Zisterzienser von der Bevölkerung als deutscher Orden angesehen wurden, galten die Dominikaner eher als polnischer Orden. Seit Mitte des 13. Jahrhunderts hielten sie ihren Jahrmarkt ab, der schon bald zu einer der bedeutendsten Messen des Ostseeraumes wurde. Heute erinnert ein großes kulturelles und folkloristisches Fest, der »Dominikanermarkt«, der in den ersten beiden Augustwochen gefeiert wird, an diese Tradition.

Danzig und der Deutsche Ritterorden

Den Siedlern und Mönchen folgten die Ritter. 1225 sandte Polens Herzog Konrad von Masowien eine Gesandtschaft zum Hochmeister des Deutschen Ordens nach Venedig, um die Beauftragung des Ordens zur Christianisierung Pruzzens zu erreichen. Ab 1230 eroberten die Ordensritter große Teile des Landes und errichteten Burgen in Thorn, Kulm, Elbing und Marienwerder. 1254 nahmen sie auch die Burg Königsberg im Samland in Besitz.

Die Ritter und Polen arbeiteten zunächst zusammen gegen die Preußen, verband sie doch der gemeinsame christliche Glaube. Auch der Pomerellenherzog, der von der Danziger Burg aus das Land regierte, verbündete sich mit dem Ritterorden. Als jedoch 1266 Swietopolk, der bedeutendste pommersche Herzog, hochbetagt starb – der Sage nach im Alter von 97 Jahren –, wurde die politische Situation in Danzig instabil und wiederholt wechselten die Machtverhältnisse. Nicht ohne Hilfe der inzwischen zahlreichen deutschen Einwohner der Stadt eroberte das Brandenburger Heer 1271 Danzig. Zu Beginn des 14. Jahrhunderts übernahm gar ein tschechischer König die Stadt.

Im Jahr 1308 eroberte der Ritterorden Danzig und übte nahezu 150 Jahre die Herrschaft in der Stadt aus. Friedlich war der Einzug der Ritter keineswegs, und begeistert empfangen wurden sie auch nicht. Nicht die Christianisierung, sondern die Ausweitung der eigenen Macht waren das eigentliche Motiv der Ordensritter, die anfänglich in der eroberten Stadt eine Schreckensherrschaft ausübten, bei der viele Bürger getötet werden.

Mit der Stadt an der Weichselmündung erhielt der Orden eine wichtige Basis, von der aus er ganz Pommern kontrollieren konnte. Der Orden konnte auf den Errungenschaften von drei Jahrhunderten Seehandel aufbauen. Allerdings erfuhr die Stadt als administratives Zentrum eine Degradierung, denn die frühere Hauptstadt der Herzöge Pommerns und die Residenz des vom polnischen König ernannten Gouverneurs blieb lediglich Sitz eines Kommandeurs. Dennoch spielte Danzig auch für den Ritterorden eine bedeutende militärische, strategische und ökonomische Rolle. Und schon ein Jahr nach der Besetzung Danzigs verlegte der Hochmeister den Hauptsitz des Ordens von Venedig zur Marienburg, 50 km südöstlich von Danzig.

Die anfangs als junge Stadt bezeichnete Siedlung trug schon bald den Namen Rechtstadt, die rechte, wirkliche Stadt, *urbs principalis*. Ur-

Die Reste der Burg der Ordensritter

kundlich wurde sie erstmals in der Mecklenburger Zollrolle im Jahr 1328 erwähnt. Die Rechtstadt Danzig erhielt 1343 vom Orden das Stadtrecht. Die »Altstadt«, deren Tradition slawischen Ursprungs ist, mußte wesentlich länger darauf warten (bis 1370). Nach diesen beiden Stadtgründungen gründete der Orden im Jahr 1380 zusätzlich die sogenannte Jungstadt in Danzig.

Die Rechtstadt spielte die bedeutendere Rolle unter den dreien. Hier wohnten die reichen Einwohner, der größte Teil des Handels erfolgte hier und nur sie gehörte zur Hanse. Gegen Ende des 14. Jahrhunderts lebten dort ungefähr 10.000 Einwohner. Bis zur Mitte des 15. Jahrhunderts verdoppelte sich die Anzahl, während in den beiden anderen Städten lediglich ungefähr 5.000 Menschen wohnten.

Der Ordensstaat, dessen Blütezeit mit der Verlegung nach Marienburg begann, war ein für die damalige Zeit moderner, feudal-absolutistischer Staat, der Hochmeister das uneingeschränkt herrschende Staatsoberhaupt. Die Verwaltung des Ordensstaates war klar und straff gegliedert, planmäßig wurde die Siedlungspolitik vorgenommen, wurden Städte

Die Marienburg

gegründet und das Land erschlossen. Der Ordensstaat verfügte über die stärkste Streitmacht der damaligen Zeit und scheinbar uneinnehmbare Festungsanlagen und Burgen. Die größte und bedeutendste war die Marienburg. Der Aufstieg des Ordens erfolgte zu einer Zeit, in der das polnische Staatswesen zersplittert war. Zweifellos richtete sich seine ganze Existenz fast immer gegen den polnischen Staat. Zugleich aber stellte die aggressive Politik der Ritter auch einen starken Antrieb für die polnischen Einigungsbestrebungen dar. 1386 kam es mit der Ernennung von Władysław II. Jagiełło zur Vereinigung von Polen und Litauen und zum Erstarken des polnischen Staatswesens, das schließlich zum Sieg der vereinigten polnisch-litauischen Armee über die Ordensritter in der Schlacht von Grunwald (Tannenberg) im Jahr 1410 führte.

Die Auseinandersetzungen der damaligen Zeit waren Kämpfe konkurrierender Staaten, ganz sicher keine nationalen Auseinandersetzungen zwischen Polen und Deutschen oder gar zwischen »Deutschtum und Slawen«. Die Ordensritter kamen auch keineswegs als Vertreter einer besseren oder höherwertigen Kultur, denn zur gleichen Zeit wurde im polnischen Krakau eine der ältesten europäischen Universitäten gegründet. Erst die nationalistische deutsche Geschichtsschreibung und Politik

im 19. und 20. Jahrhundert haben diese Kämpfe später so gedeutet.
Die Stadt entwickelte sich im 14. Jahrhundert unter der Verwaltung des Ordens günstig. Die Herrschaft der Ritter sicherte äußeren Frieden und innere Stabilität. Ihr Vermögen war so groß, daß sie keine außergewöhnlichen Steuern und Abgaben von der Bevölkerung erhoben. Die Zugehörigkeit zur Hanse erleichterte die Handelsbeziehungen, und die Jahre des Friedens zwischen Polen und dem Ritterorden wirkten sich ebenfalls gewinnbringend aus.

Die Hansestadt: Stadt des Handels und Gewerbes

Bereits zur Ordenszeit wurde die Entwicklung der Stadt durch das Wachstum des Gewerbes und des Handels bestimmt. Die ersten Zünfte entstanden in der Rechtstadt, unter anderem die der Bäcker, Brauer, Goldschmiede, Weber und Schuhmacher. Die Zünfte erfüllten eine Vielzahl sozialer, ökonomischer und administrativer Aufgaben. Sie überwachten die Quantität und die Qualität der produzierten Waren, sie garantierten ihren Mitgliedern das Monopol in ihrem Gewerbe und sie überwachten die Ausbildung der Lehrlinge und der Gesellen. Darüber hinaus nahmen sie verschiedene soziale Aufgaben wahr.

Der Handel Danzigs erlebte unter dem Banner der Hanse großen Aufschwung. Die Hanse – ursprünglich ein Bund von Kaufleuten – entwickelte sich im Verlauf des 14. Jahrhunderts zu einer mächtigen Union von Städten, die bald Schiffahrt und Handel auf der Ostsee kontrollierten. Danzig trat ihr 1361 bei und spielte seitdem eine aktive Rolle innerhalb des Bundes.

Die Hanse verfügte über große Kontore in London, Brügge, Bergen und Nowgorod, die auch für den expandierenden Danziger Handel große Bedeutung hatten. Volle Rechte erhielt die Stadt in den hanseatischen Büros in London und Brügge. Ein großer Teil des Exportes in den Westen fand in jener Zeit den Weg nach Brügge, damals eines der bedeutendsten Handelszentren Europas. Für die Danziger Schiffe war die Stadt oft ein Durchgangshafen auf dem Weg nach Frankreich, Spanien oder Portugal.

Mit dem Handel wuchs die Bedeutung des Hafens und schon damals entstand eine separate Hafenverwaltung. Um alle Kosten zum Erhalt der Verwaltung und des Hafens selbst bezahlen zu können, erhob die

Im Sommer 1471 wurde mit Hilfe des Großen Krans der Kogge »Peter von Danzig« ein neuer Mast eingesetzt

Stadt ab 1341 eine spezielle Gebühr, die sogenannte Pfahlsteuer (Palowe). Die Kontrolle über die Schiffsbewegungen an der Mündung der Weichsel wurde zunächst vom Ritterorden über einen sogenannten Mündelmeister ausgeübt, aber im Verlauf der Zeit übernahm die Stadt diese Aufgabe selbst.

Obwohl Danzig keine Autonomie und nur geringe Privilegien besaß, gab es im 14. Jahrhundert nur selten Konflikte. Zu einem größeren Aufstand kam es jedoch mit der Erhebung der Danziger Zünfte gegen den Stadtrat im Jahre 1378. Die Brauer waren unzufrieden, da ein Dekret des Großmeisters die Einfuhr von Bier aus Wismar erlaubte. Absatzeinbußen und Existenzgefährdungen für heimische Brauer waren die Folge. An den Streitigkeiten beteiligten sich auch die Fleischer, Böttcher und Schuhmacher. Die Verwaltung der Ordensritter griff hart durch und richtete die Rädelsführer hin. Bald darauf wurde dann freilich die Einfuhr fremder Biere wieder verboten.

Zu Beginn des 15. Jahrhunderts gewannen Auseinandersetzungen mit dem Orden an Bedeutung. Die Bürger hatten weniger Rechte und Freiheiten als in anderen Hansestädten und lebten in ungünstigeren wirtschaftlichen Verhältnissen. Mit dem »Großen Krieg« zwischen dem Orden und Polen-Litauen (1409–1411) vertieften sich zudem die sozialen Konflikte innerhalb der Stadt, da sich die ökonomische Situation weiter verschlechterte und die Steuerlasten erheblich anstiegen. Nach der Niederlage in der legendären Schlacht bei Grunwald (Tannenberg) am 15. Juli 1410, die den Mythos der Unbesiegbarkeit der Ordensritter erschütterte, wuchs der Widerstand. Eine Danziger Delegation erwies 1410 dem polnischen König Jagiełło die Ehre. Nach Gewährung einiger Privilegien schwor die Stadt dem König die Treue.

Das allerdings war ein Akt der Rebellion gegen den Ordensstaat, der trotz der Niederlage bei Grunwald noch nicht endgültig zerschlagen war. Insbesondere die Marienburg erwies sich für die polnischen, litauischen, russischen Armeen als uneinnehmbar. Nach längerer Zeit politischer und sozialer Unruhen verfügte der Orden noch einmal von 1412-1457 über die Stadt.

Doch der Widerstand gegen die Ritter hielt an: 1440 schlossen sich 19 Städte – unter ihnen Danzig – und 53 Adlige zum »Preußischen Bund« zusammen und führten einige Jahre später den »13jährigen Krieg« gegen den Orden (1454-1466). Im Mai 1454 zerstörten Einwohner die Burg der Ritter in Danzig. Am 1. Mai 1457 zog der polnische König Kasimir IV. ein.

»Großer Jubel des Volkes empfing den mit stattlichem Gefolge einziehenden König, für den auf dem Rathaus Gemächer bereitgestellt waren. Festgottesdienst in der Marienkirche wurde gehalten, festliche Schauspiele, darunter das Stechen der Danziger vornehmen Bürger und Schwerterkämpfe der polnischen Ritter, vor dem Artushof veranstaltet. Am 9. Mai huldigten dem König feierlich auf dem Langenmarkt, der jetzt bereits als Markt bezeichnet wurde, die Stadt Danzig, sowie die Gebiete Danzig, Putzig und Lauenburg. Eine Festzeit waren die fünf Wochen, die König Kasimir in Danzig zubrachte... Am 15. Mai erteilte der König der Stadt ein großes Privileg, das fortan als Danzigs Hauptprivileg bezeichnet wurde. Unter warmer Anerkennung der großen ihm

Lagerung von Asche auf dem »Aschhoff«

erwiesenen Dienste bestätigte er zunächst die Verleihungen von 1454 sowie die vollzogene Vereinigung mit der Alt- und Jungstadt. Dann gab er der Stadt das Gericht in Handels- und Strandangelegenheiten nebst der Aufsicht über die Schiffahrt und übertrug ihr die Sicherung des Strandes gegen Seeräuber. Ferner wurden ihr alle weltlichen und geistlichen Lehen in der Stadt übergeben mit einziger Ausnahme der Marienkirche, die sich der König selbst vorbehielt. Dazu erhielt sie das Münzrecht; die von ihr geprägten Münzen sollten das Bild des Königs tragen. Ferner wurde der Stadt die Reichsunmittelbarkeit zugesichert. Vertreter des Königs in der Stadt sollte der Stadthauptmann sein, aber diesen wollte er stets aus acht ihm vom Rate präsentierten Ratsherren ernennen. Einem lebhaften Wunsch Danzigs entsprach es, daß im Umkreis von fünf Meilen um die Stadt weder ein Schloß noch eine Stadt erbaut werden durfte, keine neuen Steuern oder Zölle ihm auferlegt werden sollten. Sicherten einige von diesen Verleihungen schon die Handelsmachtstellung Danzigs, so waren noch einige Bestimmungen dem Privileg eingefügt, die ausschließlich den Handel seiner Bürger zu heben bestimmt waren. So wurde freie Einfuhr aller Waren, namentlich von Holz, Asche, Pech und Teer aus Polen, Litauen und Rußland nach Danzig zugesichert. Vor allem aber war von Wichtigkeit, daß kein Fremder ohne Erlaubnis der städtischen Behörden das Recht haben sollte, in Danzig Handel zu treiben oder zu wohnen... Das Wappen der Stadt, die beiden weißen Kreuze im roten Felde, wurde durch Einfügung einer goldenen Krone in den oberen Teil des Schildes verbessert, sie erhielt das Recht, mit rotem Wachs zu siegeln und der Stadthauptmann und die Bürgermeister durften fortan Goldschmuck an ihren Gewändern tragen... So konnte Danzig zufrieden sein, als Kasimir am 7. Juni die Stadt verließ, um sich nach der Marienburg zu begeben, die der Hochmeister am Tage zuvor für immer geräumt hatte.« (Paul Simson, 1913)

Jahrhunderte der Blüte: Danzig im Polnischen Königreich

Im Mai 1457 schlug Danzig ein neues Kapitel seiner Geschichte auf. Zwar dauerte es noch einige Jahre, bis der Orden im Frieden zu Thorn (1466) endgültig auf Pommerellen und Danzig verzichtete, aber mit dem Einzug des polnischen Königs war die Grundlage für die größte Blütezeit in der Geschichte der Stadt geschaffen. Danzig war fortan eine polnische Stadt, eine unabhängige Stadtrepublik im Königreich. Ungefähr 20.000 Menschen lebten zu diesem Zeitpunkt in Danzig. Zu Beginn des 16. Jahrhunderts waren es schon 26.000, in der zweiten Hälfte des 16. Jahrhunderts sogar nahezu 40.000 und in der Mitte des 17. Jahrhunderts 73.000 Einwohner. Danzig wurde die größte und reichste Stadt in der polnischen Adelsrepublik.

Die kleine Schicht ihrer Patrizier schwamm im Geld. Sie hatte sich das Vorrecht gesichert, sämtliche aus Polen gelieferten Waren aufzukaufen. Ausländern war es nicht gestattet, mit Polen direkt Handel zu treiben oder ihre Waren über die Stadt nach Polen einzuführen. Kein Faß Hering, keine Kufe Wein aus Spanien und Frankreich, kein Ballen Tuch aus Holland oder England, kein Pfund Pfeffer oder Rohrzucker und schließlich keine einzige Zitrusfrucht konnten direkt aus den Händen der Exporteure in die Hände der polnischen Käufer übergehen. Speicher um Speicher entstand im Hafen, um die von und nach Polen kommenden Waren zwischenzulagern. Danzig, »das Auge Polens«, hatte fast eine Monopolstellung im Handel Polens mit der übrigen Welt erreicht. »Nur allzu deutlich zeigt sich, wie das selbstsüchtige, reiche Danzig das gewaltige Polen ausbeutet und auf seine Bedürfnisse abstellt«, so beurteilt der große französische Historiker Fernand Braudel die wirtschaftliche Situation der Stadt in ihrer höchsten Blütezeit. »Konkurrenz! Dieses Wort scheuchte den Schlaf aus den Augen der Danziger Bürger«, so charakterisiert die Historikerin Maria Bogucka die Geschäftstüchtigkeit der Kaufmannschaft.

Die »Große Mühle« am Radaune Kanal

Freilich stand der Danziger Vormachtstellung gegenüber Polen die wirtschaftliche Abhängigkeit von Amsterdam gegenüber. Im 16. und 17. Jahrhundert beherrschten die holländischen Kaufleute den europäischen Handel und damit auch den in der Ostsee. Der Einfluß der Hanse war längst geschmolzen. Auch die Warenströme veränderten sich, es wurden nunmehr vor allen Dingen Getreide und Rohmaterialien aus Polen und anderen baltischen Staaten exportiert.

Danzigs Zugehörigkeit zu Polen eröffnete nicht nur dem Handel, sondern auch dem Handwerk günstige Bedingungen. Die Dörfer in der Umgebung profitierten ebenfalls davon; denn jene, die in der Stadt keine Arbeit fanden, siedelten sich in den Dörfern rundherum an, wo sie weder die Danziger Stadtbürgerschaft benötigten noch Gebühren bezahlen mußten.

Die Zahl der Zünfte wuchs beachtlich, und auch das Nahrungsmittelgewerbe erfuhr eine starke Prosperität. Große Mengen von Mehl und Getreide fanden den Weg in andere Länder. Ähnlich war es auch mit dem Danziger Bier: In der Mitte des 16. Jahrhunderts gab es 150 Brauer in der Stadt.

Die Ankunft von Mennoniten aus Holland in der zweiten Hälfte des 16. Jahrhunderts brachte neue Impulse, so z.B. im Textilhandel. Sie perfektionierten aber auch die Destillation gewisser Arten von Likör und Schnaps einschließlich des berühmten Danziger Goldwassers.

In der ersten Hälfte des 16. Jahrhunderts gab es über 1000 Textilgeschäfte, nahezu 400 Handwerksmeister arbeiteten im Ernährungsgewerbe, es

Der Artushof am Langen Markt

gab mehr als 200 qualifizierte Metallarbeiter und nahezu 350 Meister im Ledergewerbe. Große Berühmtheit in Europa erlangten die Goldschmiede und Möbeltischler. Insgesamt lebten über 3.000 Handwerksmeister in der Stadt. Da jedes Geschäft mehrere Arbeitskräfte beschäftigte, fanden fast 20.000 Menschen in den Gewerben Arbeit. Daneben gab es auch illegale Handwerker außerhalb der Zünfte.

Das beeindruckende ökonomische Wachstum erfuhr in jener Zeit nur zwei Ausnahmen, den überraschenden Einbruch im Brauereigewerbe und den Rückgang im Schiffbau. Die Zahl der Braumeister sank auf 54. In der zweiten Hälfte des 16. Jahrhunderts gerieten die Schiffbauer in eine schwere Krise, die zwei Ursachen hatte: Erstens trieben die Danziger den Seehandel immer weniger auf ihren eigenen Schiffen, so daß die heimischen Werften ihre besten Kunden verloren, und zweitens nahmen die Aufträge aus dem Ausland ab, weil dort eigene Schiffswerften errichtet wurden.

Das Leben in der Stadt

Mittelpunkt des gesellschaftlichen Lebens im 16. und 17. Jahrhundert war eines der schönsten Gebäude der Stadt, der Artushof. Hier trafen sich des Abends die reichen Patrizier und veranstalteten in Gesellschaft wohlhabender Kaufleute festliche Diners, hier wurden Verträge abgeschlossen, Geschäfte abgewickelt oder Informationen über Preise und Zölle eingeholt. Musikanten und Sänger traten täglich auf, Wetten und (verbotene) Glücksspiele waren besonders beliebt. Der Platz vor dem Artushof diente auch als Börse. Einlaß in den Artushof hatten nur die gehobenen Bürger und Patrizier. Handwerkern, Kleinkrämern und Arbeitern wurde der Zutritt nicht gewährt.

Als Eintritt mußte der Besucher eine bestimmte Geldsumme zahlen; dafür durfte er dann soviel trinken, wie er wollte. Gereicht wurde meist Danziger Bier, und das häufig in großen Mengen und gewaltigen Trinkgläsern. »Ein jeder kann soviel Bier trinken, wieviel in ihn hineingeht«, notierte ein Reisender im 16. Jahrhundert. Nach einem Zechgelage brannte der alte Artushof im Jahr 1476 ab, wurde jedoch schon wenig später in größerer Pracht wiederhergestellt.

Artushöfe gab es viele – in Riga, Königsberg, Elbing, Thorn und anderen Städten –, doch der Danziger Artushof war der prächtigste und berühmteste, wie der Ratsherr Salomon Brandt voll berechtigten Stolzes 1580 schrieb:

»... dass bey vielen sonderlich sehefarenden und handtierenden frembden wie auch andernn fuhrnehmen Leutten diesses Hausz der löbliche Königliche Artuss Hoff allen andern Trinckstuben und versamblungen fast in gantz Europa weit vorgetzogen und gerumet wird, auch also, des man sich bedunken lest, dieses Trinckhauses gleich nicht bald mag gefunden werden.«

Ausländische Kaufleute, Adlige und auch die polnischen Könige suchten den Artushof auf. Überhaupt war die Ankunft eines polnischen Königs in Danzig immer ein festliches Ereignis. Die Stadt begrüßte den über die Langgasse und den Langen Markt (»Königlicher Weg«) einziehenden König immer mit einem Feuerwerk, Schauspielen und anderen Veranstaltungen.

Berühmte Künstler, Baumeister, Architekten und Maler lebten und arbeiteten in der Blütezeit der Stadt hier. Antonis van Obbergen (1543–1611), Isaac und Abraham van dem Blocke, Anton Möller (1560–1620) und Andreas Schlüter gehörten zu den bedeutendsten. In der Kunst schlug sich der Einfluß der niederländischen Meister unverkennbar nieder. Anton Möller bevorzugte in seinen Bildern Danziger Motive. Bekannt ist besonders der »Zinsgroschen«, ein Bild, in dem er die biblische Szene vor dem Rechtstädtischen Rathaus darstellt. Den Figuren im »Jüngsten Gericht« gab er die Gesichtszüge Danziger Ratsherren und ihrer Frauen oder Töchter. Dafür allerdings zog er sich den Zorn der Patrizier zu, die ihm fortan keine Aufträge mehr gaben. Völlig verarmt starb dieser bedeutende Danziger Künstler.

Als Wissenschaftler erreichte Johann Hevelius (1611–1687) größten Ruhm. Der Sohn eines reichen Brauers machte als Astronom bedeutende Entdeckungen. In der Altstadt richtete er auf den Dächern dreier Nachbarhäuser ein astronomisches Observatorium ein. 1647 erschien sein Werk »Selenographia« mit einer genauen Beschreibung und Karte des Mondes. »Das Werk wäre unvergleichlich zu nennen, wenn es nicht ein Ketzer geschrieben hätte«, kommentierte es der damalige Papst. Das größte Fernrohr, das Hevelius konstruierte, hatte eine Größe von 48 Metern. Sein Haus wurde Zentrum der Danziger Wissenschaften, viele Naturwissenschaftler gingen hier ein und aus, und wiederholt besuchte der polnische König den Gelehrten.

Allerdings hatten längst nicht alle Bürger Anteil am Reichtum und gesellschaftlichen Einfluß. Die politische Macht lag in den Händen der Patrizier, der wohlhabenden Kaufleute und Besitzer der stattlichen Häuser im Zentrum, der Reeder, Schiffsmakler und Wucherer. Wenige

Johannes Hewelke-Hevelius, Astronom (1611–1687)

Familien, wie z.B. die Ferber, kontrollierten lange Zeit die Stadt. Aus ihren Reihen kamen die 19 Ratsherren und vier Bürgermeister – zumeist auf Lebenszeit gewählt –, die Erste Ordnung, die sich auch »Senatus Gedanensis« nannte. Die zweite Ordnung stellten die Schöffen dar, während die Dritte Ordnung aus 100 Repräsentanten der gemeinen Bürgerschaft – den normalen Bürgern, Handwerkern und kleinen Gewerbetreibenden und Händlern – beschickt wurde. Die drei Gruppen zusammen bildeten den Großen Rat, der alle grundlegenden Entscheidungen traf.

Aber nicht einmal jeder, der in Danzig lebte, hatte die Möglichkeit, das Bürgerrecht zu erwerben. Dazu bedurfte es des Geldes und eines Zeugnisses der freien und rechtlichen Geburt. Die Hafenarbeiter, die Lastenträger, die ambulanten Händler, die Gesellen – ganz zu schweigen von den vielen Armen –, sie alle erhielten keine Bürgerrechte.

Ein großer Teil der Bevölkerung lebte in unvorstellbarem Elend; in den Kellern und Dachgeschossen der Danziger Häuser, in Holzbuden der Vorstädte vegetierten sie auf kleinstem Raum und im Schmutz; Scharen hungriger, armer Schlucker. Vor diesem Hintergrund wirkte sich der schnell wachsende Wohlstand der Patrizier und der Großkaufmannschaft, deren Mitglieder sich durch rücksichtslose Ausbeutung der unteren Schichten bereicherten, bedenklich aus. Zu Beginn des 16. Jahrhunderts war Danzig eine Stadt mit äußerst zugespitzten gesellschaftlichen Widersprüchen. Zwischen den mit Getreide und Lebensmitteln überfüllten Lagern lungerten Menschen, denen es häufig an täglichem Brot mangelte. Äußerste Armut grenzte an verschwenderischen Reichtum. Wenn die prunkvolle Ferbersche Karosse vierspännig durch die Straßen der Stadt dahinjagte, machte die bescheidene Masse der Fußgänger, vom Straßenkot bespritzt, dem »König« demütig Platz.

Wiederholt kam es auch zu scharfen Auseinandersetzungen zwischen Rat und Zünften. Die Arbeitsbedingungen waren schlecht, die Löhne niedrig. Die Schiffszimmerleute z.B. mußten 13 Stunden täglich arbeiten. Auch Meister durften ihren Arbeitsplatz nicht ohne Erlaubnis des Arbeitgebers wechseln. Noch schlechter war die Lage der Gesellen, die vollständig vom Meister abhängig waren. Ihre Arbeitszeit betrug häufig mehr als 13 Stunden. Die Zünfte erschwerten ihnen die Aufstiegsmöglichkeiten aus Angst vor Konkurrenz. Häufig kam es zu Streiks.

Im Januar 1591 legten die Arbeiter in den Feinbäckereien ihre Arbeit nieder, weil die Meister den uralten Brauch abschaffen wollten, der den Gesellen gestattete, nach Ausbacken des Brotes Fleisch für die Kunden

Danzig und seine Bastionen im 17. Jahrhundert

zu garen oder Kuchen zu backen, womit sie ihren kargen Lohn etwas aufbessern konnten. Zu ernsten Unruhen kam es in dem gleichen Gewerbezweig im Jahr 1646: Die Gesellen verlangten eine Lohnerhöhung und statt des während der Arbeitszeit gegebenen Bieres Bargeld. Angesichts der Weigerung der Zunftbehörden zettelten sie eine Verschwörung an. Einige Streikbrecher wurden verprügelt und gezwungen, sich den Streikenden anzuschließen. Erst die Vermittlung der Stadt und die Verhaftung der Rädelsführer befreite die Meister aus der schwierigen Situation.

Die sozialen Auseinandersetzungen des 16. Jahrhunderts waren eng mit der Reformation verbunden. 1526 kam es zu einem Aufruhr gegen den zunächst die katholische Kirche stützenden Rat der Stadt. Auch der polnische König versuchte die Vorherrschaft der Kirche zu erhalten, mußte aber letztlich der Stadt das Privileg der Religionsfreiheit zusichern. Volle Rechte erhielt freilich nur, wer zu einer der drei Konfessionen gehörte: den Lutheranern, den Calvinisten oder den Katholiken. Die Reformation setzte sich jedoch so weitgehend durch, daß Katholiken fortan kaum noch Zugang zu den obersten Verwaltungsämtern der Stadt, dem Rat, der Bürgerschaft und der Dritten Ordnung hatten.

Die Bürger, die große Anstrengungen darauf verwenden mußten, religiöse Freiheit gegenüber den katholischen Königen Polens durchzusetzen, übten selbst wenig Toleranz. Die Mennoniten, eine Sekte, die aus religiösen Gründen aus Holland fliehen mußte, erhielt von den Behörden lediglich die Erlaubnis zu siedeln, aber sie konnten nicht die Stadtbürgerschaft erwerben und auch nicht den Zünften beitreten. Eine ähnlich unfreundliche oder sogar feindliche Haltung zeigten die Danziger auch gegenüber den Juden; man verweigerte ihnen zumeist den Aufenthalt auf dem Gebiet, wo das Stadtrecht Gültigkeit besaß. Eine Ausnahme wurde lediglich während des Dominikanermarkts gemacht.

Der langsame Niedergang

In den Kriegen zwischen Polen und Schweden suchte Danzig die Loyalität zu Polen, aber auch die Neutralität und die guten Handelsbeziehungen zu Schweden zu bewahren. Das war nicht immer möglich, wiederholt kam die Stadt in eine schwierige Lage. 1627 konnte eine Belagerung durch Gustav Adolf nur mühselig abgewehrt werden.
In der Stadt lebten 1656 73.000 Menschen, mehr als je zuvor. Aber sie hatte den Zenit ihrer wirtschaftlichen und politischen Blüte überschritten. Gegen Ende des Jahrhunderts setzte ein steter Niedergang ein: 1705 hatte Danzig nur noch 50.000 Einwohner, um 1800 waren es nur noch 36.000. Wichtigste Ursache dieses Rückgangs waren Kriege: die schwedische Invasion (1655–1660), der nordische Krieg (1700–1721), die Belagerung im Jahre 1734 und die ökonomischen Schwierigkeiten, in die Danzig zwischen der ersten und zweiten Teilung Polens (1772–1793) geriet. Mehrfach wurde die Stadt zudem von der Pest heimgesucht.
Polen war seit dem Tode des letzten Königs aus dem Haus der Jagiellonen 1572 eine Adelsrepublik, eine Mischung demokratischer und obrigkeitlicher Machtstrukturen. Zunehmend kam es zu Kämpfen bei den Königswahlen und Polen wurde zum Spielball ausländischer Interessen, insbesondere Preußens und Rußlands. Obwohl weder Polen noch Danzig am Siebenjährigen Krieg (1756–1763) teilnahmen, geriet die Stadt ständig in Gefahr, von den beiden Großmächten Rußland und Preußen erobert zu werden. Zwar bekämpfte Danzig lange Zeit eine preußische Okkupation, doch die Situation wurde zunehmend schwieriger und Preußens Druck größer. Die polnischen Könige waren bald nicht mehr in der Lage, die Stadt energisch zu unterstützen. Der Tod Friedrichs II. (1786) erweckte zwar noch einmal Hoffnungen, Danzigs Lage könne sich verbessern, doch die preußischen Annexionspläne

wurden nicht aufgegeben, 1772 wurde Polen von den Großmächten Preußen, Rußland und Österreich besetzt und geteilt.

Obwohl Danzig vorläufig unbesetzt blieb, standen während der Zeit der polnischen Teilung viele Häuser leer. Teile der Bevölkerung verließen die Stadt. Der Handel war weit von seiner früheren Bedeutung entfernt, obwohl es auch zeitweilig Perioden relativer Prosperität gab.

Erstmals unter preußischer Herrschaft

Am 4. April 1793 drangen preußische Truppen durch vier Tore ein und eroberten die Stadt. Mehr als drei Jahrhunderte polnischer Herrschaft gingen damit zu Ende und es sollte mehr als 150 Jahre dauern, bis das dann völlig zerstörte Danzig 1945 wieder an Polen fiel. Die »polnische Periode« war die Zeit der höchsten Blüte Danzigs als Stadt des Handels und Handwerks, als Stadt der Künste und der Wissenschaft. Was heute in der wiederaufgebauten Danziger Altstadt als Meisterwerk polnischer Restaurateure zu bewundern ist, ist das Danzig dieser vergangenen Zeit. Gewiß, die meisten Einwohner Danzigs sprachen in jener Zeit Deutsch. Es war die Sprache der oberen Schichten, der Angehörigen der Stadtbehörden und der reichen Handwerker. Viele Kaufleute und ihre Angestellten benutzten während ihrer Arbeit zusätzlich die polnische Sprache. Polnisch wurde hauptsächlich von einfachen Leuten benutzt, den Handwerkern, Arbeitern und Tagelöhnern. Diese lebten entweder immer schon hier oder in der Umgebung oder sie waren aus Pommern und dem übrigen Polen eingewandert.

Um die Wende vom 18. zum 19. Jahrhundert gab es noch nicht jenes ausgeprägte Nationalbewußtsein, das später so verheerende Auswirkungen zeigen sollte. Die Danziger hatten eine eigenständige Identität, sie sahen sich zuallererst als Bürger Danzigs. Sehr viele standen in entschiedener Opposition zum preußischen Deutschland. Für Johanna Schopenhauer, eine geistreiche Danziger Schriftstellerin, die Mutter des Philosophen Artur Schopenhauer, brach mit der Besetzung Danzigs eine Welt zusammen: »Es ist etwas Schreckliches passiert. Die Preußen sind eingerückt.« schrieb sie am Tage des Einzuges der preußischen Truppen. Die Familie Schopenhauer verließ die Stadt wie viele andere alteingesessene Danziger Bürger, die zwar Deutsch sprachen, aber nicht preußisch dachten.

Mit der preußischen Annexion verlor die Stadt viele ihrer bisherigen Rechte und ihre Selbstverwaltung. Sie kam unter die zentralisierte

Segelschiffe im Mottlauhafen im 19. Jahrhundert

preußische Verwaltung. 1793 lebten in der Stadt 36.000 zivile Bürger, hinzu kamen etwa 5.200 Soldaten (28.400 Protestanten, 8.000 Katholiken, 650 Juden und 340 Menoniten). Bis 1805 stieg die Zahl der Einwohner auf 44.000. Bedenkt man, daß ein Teil der Danziger ihre Heimatstadt verlassen hatte, so dürften etwa ein Drittel der Einwohner von außerhalb neu hinzugekommen sein, die meisten aus den umliegenden kaschubischen Dörfern und anderen Teilen Pommerns.

Die ökonomische Situation verbesserte sich zunächst durch die Eingliederung in das preußische Königreich, da die Verbindung der Stadt mit dem Hinterland wieder hergestellt wurde. Während der Zeit der ersten und zweiten polnischen Teilung war Danzig durch den preußischen Korridor abgeschnitten gewesen. Am Hafenumschlag ist die günstige Wirkung des wieder expandierenden freien Handels zwischen Danzig und dem Rest des Landes leicht zu beobachten. Hamburg, Lübeck und Bremen importierten Bernstein, Kleidung und Wodka, Schweden Pferdehaare und Wolle. Rußland kaufte Wodka in Danzig.

1807–1813: Freie Stadt von Napoleons Gnaden

Die neuen politischen Verhältnisse waren allerdings nicht sehr beständig. Im März 1807 eroberten die französischen Truppen Danzig. Zur Armee Napoleons gehörte auch eine polnische Division von 6.000 Soldaten. Die meisten Einwohnern sahen in der Eroberung durch die französischen Truppen anfänglich eine Befreiung von der preußischen Vorherrschaft. Sie hofften auf das Wiedererstehen eines polnischen Staates und auf ihre Eingliederung. Napoleon wurde daher begeistert empfangen.

Die Franzosen beabsichtigten hier eine Basis zu errichten, von der aus sie die Ostsee und den dortigen Handel kontrollieren konnten. Pommern, mit Ausnahme Thorns, verblieb allerdings bei Preußen. Insgesamt betrug das Territorium der Freien Stadt Danzig 15,5 qkm, 80.000 Einwohner lebten dort. Der politische und rechtliche Status der Freien Stadt Danzig wurde im Frieden von Tilsit festgelegt. Formal war sie nun wieder unabhängig, in der Realität jedoch von einem französischen Gouverneur beherrscht, auch wenn dieser immer wieder betonte, nur die zweite Person nach dem Präsidenten des Senats zu sein.

Die Periode nach 1807 war entgegen den ursprünglichen Erwartungen der Einwohner in keiner Weise günstig. Der Niedergang des Handels und vor allem die Kontinentalsperre gegen England trafen die Stadt hart. Die Einwohnerzahl sank deutlich.

1815–1919: Danzig – eine preußische Stadt

Mit dem Wiener Abkommen wurde Danzig schließlich wieder in das preußische Königreich eingegliedert. Die Einführung der preußischen Verwaltungsordnung bedeutete nunmehr endgültig das Ende der Unabhängigkeit der früher so selbstbewußten Stadtrepublik.

Neue Menschen zogen in die Stadt, umliegende Orte wurden eingemeindet. 1821 lebten bereits wieder 55.000 Menschen in der Stadt. Erst nach 1860 erreichte sie allerdings wieder jene Größe, die sie in ihrer Blütezeit hatte. Die alteingesessenen Danziger Bürger identifizierten sich zunächst kaum mit dem neuen Staat. Doch im Lauf der Zeit kam es mit neuen Generationen und neuen Bewohnern zur langsamen Integration in das preußische Staatswesen. Viele Danziger arbeiteten in der preußischen Verwaltung und die deutsche Sprache wurde in den öffentlichen Ämtern und in den Schulen gesprochen. Die polnische Bevölke-

rung hatte hingegen keine eigene Presse oder Literatur in ihrer Muttersprache. Häufig wurde allerdings der kaschubische Dialekt genutzt.
In wirtschaftlicher Hinsicht entwickelte sich Danzig ungünstiger als andere preußische Städte. Zu Beginn des 19. Jahrhunderts noch die viertgrößte Stadt im Königreich (nach Berlin, Breslau und Königsberg), nahm Danzig 1910 nur noch den 19. Rang ein. Abgeschnitten von den Märkten des früheren polnischen Hinterlandes wandelten sich auch die kleinen Handwerksbetriebe erst später und langsamer in kapitalistische Industriebetriebe. 1849 produzierten in Danzig 130 Industrieunternehmen mit 800 Arbeitern, eine größere Werft, eine Waffenfabrik mit 174 Arbeitern und eine Fleischverarbeitungsfabrik mit 74 Arbeitern. Der Schiffbau, der eine lange Tradition in der Stadt hatte, wurde bald zum wichtigsten Industriezweig. Bereits in der ersten Hälfte des 19. Jahrhunderts entstand die Klawitter-Werft, danach folgte die Kaiserliche Werft und neben einigen anderen stellte ab 1890 auch die Schichau-Werft in Danzig Schiffe her.
Die Gründung des Deutschen Reichs verstärkte auch in Danzig den wirtschaftlichen Aufschwung. Die Stadt wuchs beachtlich, 1914 wurden bereits 175.000 Einwohner gezählt. Die frühere zentrale Bedeutung als Hafenstadt war freilich verloren und die Stadt schließlich nur noch einer unter verschiedenen Ostseehäfen. Bald wurde sie von Stettin übertroffen. Der früher bedeutsame Hafen an der Mottlau stagnierte. Die Möglichkeiten der räumlichen Entwicklung und Modernisierung waren begrenzt. Schiffe mußten zeitweilig über eine Woche warten, bis sie be- oder entladen werden konnten. Die Ufer der Mottlau verfügten zudem mit Ausnahme des alten Krans aus dem 15. Jahrhundert über keine größeren Ausrüstungen.
Viele der bedeutendsten Unternehmen waren im Besitz des Staates, der den Mangel an privaten Investoren und privaten Beschäftigungsmöglichkeiten ersetzte, mit dem Ziel, Danzig zu einem Zentrum der Rüstungsindustrie auszubauen.

1920–1939: Die Freie Stadt Danzig

Nach dem ersten Weltkrieg entstand Polen wieder als unabhängiger Staat. Zu einem zentralen Problem wurde dabei die Frage der künftigen staatlichen Zugehörigkeit Danzigs. Einerseits wohnten in der Stadt mehrheitlich Deutsche, andererseits waren die engen ökonomischen Bindungen zwischen ihr und Polen ein wichtiges Argument. Die Franzosen favorisierten eine Eingliederungs Danzigs in Polen. Die Engländer hingegen sahen darin eine Stärkung Frankreichs und seines potentiellen Verbündeten und stellten sich daher gegen die Eingliederung Danzigs in die neue polnische Republik.

In Danzig selbst waren die politischen Parteien von den Linken bis zu den Rechten aus ganz unterschiedlichen Gründen dafür, im deutschen Staat zu verbleiben. Die Arbeiterparteien fürchteten die polnischen Landbesitzer und Kapitalisten, die bürgerlichen Parteien waren stark deutschnationalistisch ausgerichtet.

Im Vertrag von Versailles wurde das Gebiet zu einer Freien Stadt unter der Kontrolle des Völkerbunds erklärt. Polen erhielt in Danzig wichtige Rechte zugesprochen:

- Der Hafen sollte Polens Hafen werden und der gemeinsamen Verwaltung durch Polen und Danzig unterstellt werden
- Die Verwaltung des Eisenbahnnetzes wurde Polen übertragen, zudem erhielt Polen das Recht, eigene Post-, Telefon- und Telegrafeneinrichtungen zum Hafen innerhalb des Freistaat zu betreiben
- Polen sollte den Freistaat in außenpolitischen Angelegenheiten vertreten.

Am 10. Januar 1920 schied Danzig aus dem Deutschen Reich aus. Im Mai fanden die ersten Wahlen zum Volkstag, dem neugeschaffenen Parlament statt. Von den 120 Sitzen gewann die Deutschnationale Volkspartei 34 Sitze, die SPD 19, die USPD 21, das Zentrum 17, die Deutsche Demokratische Partei zehn, zwölf Sitze fielen an eine später nicht mehr bestehende Freie Wählervereinigung. Die Polen erhielten sieben Sitze. Erster Präsident des Senats wurde Heinrich Sahm (1920–1930).

In wirtschaftlicher Hinsicht waren die Interessen Danzigs und der neugegründeten Republik nahezu deckungsgleich. Hafen und Handel waren eng mit der ökonomischen Entwicklung Polens verbunden, der Freistaat war Polens wichtigster Zugang zum Meer. Doch die politischen Verhältnisse führten zu häufigen Konflikten. Die Schlüsselpositionen in der Verwaltung der Freien Stadt hielten auch in den 20er Jahren preußische Beamte inne, die keine enge Beziehung zur Stadt hatten und die Notwendigkeit der ökonomischen Kooperation mit Polen nicht anerkannten. Die Verwaltung verfolgte deutschnationalistische Interessen. Die politischen Machtstrukturen belasteten von Beginn an die Beziehungen. Ständig kam es zu beiderseitigen Beschwerden beim Völkerbund. Ganz besonders fürchtete Polen um den sicheren und freien Zugang zum Meer, der für den neuen Staat lebenswichtig war. Schon 1920 beschloß man daher, im eigenen Einflußbereich einen neuen großen Hafen zu errichten.

Der sog. »Polnische Korridor« war ein schmaler Landstreifen mit einer Breite von nur wenigen Kilometern, der westlich von Sopot begann und die Halbinsel Hel einschloß. Er wurde im Vertrag von Versailles Polen zugesprochen und war Gegenstand heftiger politischer Auseinandersetzungen. Dabei sollte man allerdings berücksichtigen, daß auch vor dem ersten Weltkrieg in den später an Polen abgetretenen deutschen Gebieten Westpreußens die Mehrzahl der Bevölkerung Polen waren. In diesem schmalen Küstenstreifen gab es freilich keine größere Stadt und auch keinen Hafen, den größere Seeschiffe anlaufen konnten. Die winzigen Häfen der zwei kleinen Fischerdörfer Puck und Hel konnten keinen Ersatz bieten..

Zwischen 1924 und 1926 wurde bei Gdynia (Gdingen) ein neuer Seehafen errichtet, in dem schon bald mehr Waren umgeschlagen wurden als in Danzig oder Stettin. Im Verlauf eines Jahrzehnts wurde aus dem Fischerdorf Gdynia mit 300 Einwohnern eine Großstadt, in der über 100.000 Menschen lebten. Diese Stadt entwickelte sich freilich zu einer mächtigen Konkurrenz für den nur 30 km entfernt liegenden Hafen von Danzig. Dennoch erfolgte noch 1938 ein Drittel des gesamten polnischen Hafenumschlags in Danzig.

Lediglich gegen Ende der zwanziger Jahre kam es zu Versuchen einer engeren Kooperation des Freistaats mit Polen, die von der Sozialdemokratischen Partei ausgingen. Die Regierungskoalition von SPD, Zentrum und Liberalen hatte freilich nur kurzen Bestand. Bei den Wahlen im November 1930 wurde die NSDAP zweitstärkste Partei im Danziger Volkstag. Zwar wäre eine Koalition der Mitte und damit eine Fortsetzung der Verständigungspolitik mit Polen noch möglich gewesen, denn immerhin blieb die SPD die stärkste Partei des Parlaments, doch die bürgerlichen Parteien bildeten eine von den Nationalsozialisten gestützte Minderheitsregierung. Im Freistaat nahmen die Faschisten damit noch eher auf die Regierungspolitik unmittelbar Einfluß als in Deutschland selbst. Maßgeblicher Betreiber dieser Koalition war der deutschnationale Präsident des Verwaltungsgerichts, Ernst Ziehm, der von 1930 bis 1933 Präsident des Danziger Senats war.

Nach der »Machtergreifung« in Deutschland verlangten die Nazis auch in Danzig Neuwahlen. Diese führten im Mai 1933 zu einer neuen Regierung, der zehn Vertreter der NSDAP und zwei des Zentrums

In Danzig entfernen Nationalsozialisten die polnischen Briefkästen

angehörten. Bereits im Mai wurden in einem eindeutig verfassungswidrigen Akt das Gewerkschaftshaus besetzt und die Gewerkschaften gleichgeschaltet. Kurz danach verabschiedete der Volkstag ein Ermächtigungsgesetz, mit dem sich das Parlament seiner Rechte selbst entledigte. Die politische Macht lag scheinbar beim Senat, an dessen Spitze der Nationalsozialist Herrmann Rauschning stand. Doch tatsächlich war der Gauleiter der NSDAP, Albert Forster, die zentrale Machtfigur. Zwischen Forster und Rauschning kam es zu häufigen Auseinandersetzungen. Rauschning verfolgte insbesondere gegenüber Polen eine moderatere Politik. Polen selbst hatte im Januar 1934 einen Zehnjahresvertrag mit Hitlerdeutschland geschlossen, in dem Deutschland erstmals die durch den Versailler Vertrag zustandegekommene deutsch-polnische Grenze formal anerkannte.

Doch die NSDAP setzte immer stärker eine Vereinheitlichung durch. Rauschning trat im November 1934 als Präsident des Senats zurück, wenig später auch aus der NSDAP aus und verließ Danzig. 1935 fanden Neuwahlen statt, die längst keine freien Wahlen mehr waren. Dennoch verfehlten die Nazis die angestrebte Zweidrittelmehrheit. Proteste beim Völkerbund gegen die undemokratische Wahldurchführung und die nachgewiesenen Wahlfälschungen hatten freilich keine einschneidenden Wirkungen. Trotz seiner weitgehenden Rechte ließ der Völkerbund die politische Gleichschaltung in Danzig zu.

Die Westerplatte nach dem Beschuß durch deutsche Kriegsmarine in Flammen

1936 wurde die SPD verboten. Damit war der legalen Opposition das Rückgrat gebrochen, denn die größte Oppositionspartei war das Sammelbecken des Widerstands gegen die nationalsozialistische Diktatur. Ausgeschaltet, unterdrückt wurden all jene deutschen Kräfte, die bereit waren, auf der Basis der bestehenden Rechtsordnung loyal mit Polen zusammenzuarbeiten. Schließlich wurde auch die Zentrumspartei Ende 1937 verboten, die Deutschnationale Volkspartei hatte sich freiwillig aufgelöst. Die freie Presse wurde verboten. Die männlichen deutschen Bürger Danzigs wurden zum Militärdienst im Deutschen Reichsheer verpflichtet, Danziger Betriebe lieferten Kriegsmaterial für die Wehrmacht. Eltern, deren Kinder polnische Schulen besuchen, wurden schikaniert oder sogar verhaftet, jüdische Geschäfte zerstört, alteingesessene jüdische Bürger zum Verkauf ihrer Habe gezwungen.
Im November 1938 brannten die Synagogen des Freistaats und zwei Monate später richtete der Senat an die ansässigen 6000 Juden die Aufforderung, das Gebiet des »Freistaats« bis spätestens zum 1. April 1939 zu verlassen. Wer dem Befehl nicht nachkomme, werde in ein neuerrichtetes Konzentrationslager bei Praust gebracht. Aus dem demokratischen Danzig, dessen Verfassung der Völkerbund laut Vertrag noch immer garantierte, war lange vor Kriegsbeginn ein totalitärer nationalsozialistischer Staat geworden.

Mit den Schüssen der »Schleswig Holstein« auf die Westerplatte entfesseln die Deutschen den Zweiten Weltkrieg

Die Schüsse des deutschen Schlachtschiffs »Schleswig Holstein« auf die Westerplatte in Danzig am 1. September 1939 um 4.45 Uhr wurden zum Startsignal für den Zweiten Weltkrieg. Noch in dieser Nacht wurden 1500 Danziger Bürger anhand vorbereiteter Listen verhaftet. Einen Tag später begannen 40 km von der Stadt entfernt, aber noch im ehemaligen Freistaat, Bauarbeiten für das Konzentrationslagers Stutthof, in dem im Verlauf des Krieges Tausende Danziger Bürger und viele tausend Menschen aus allen Teilen Europas ermordet wurden.
Einen Tag lang verteidigten Angestellte die Polnische Post am Heveliusplatz. Nach 14 Stunden Belagerung mußten sie sich ergeben. Alle Gefangenen wurden kurze Zeit später von einem Kriegsgericht zum Tode verurteilt und erschossen. Bis zum 7. September 1939 verteidigte eine polnische Einheit die Westerplatte. Dann hatte der Freistaat Danzig endgültig aufgehört zu existieren. Die Stadt wurde in das »Großdeutsche Reich« integriert. Albert Forster, der sich noch am 23. August 1939 zum Staatsoberhaupt der Freien Stadt Danzig ernennen ließ, stand nun als Gauleiter des Reichsgaus Danzig-Westpreußen an der Spitze des Schreckensregimes. Im November 1939 wurden alle »nicht-deutschen« Danziger ausgebürgert.
Danzigs Wirtschaft, insbesondere der Schiffbau, wurde nun vollends auf die Kriegsproduktion ausgerichtet. Der Krieg selbst erreichte die

Die zerstörte Danziger Innenstadt 1945

Stadt erst wieder Ende 1944. Bis zur Vernichtung zu verteidigen – dieser Führerbefehl wurde konsequent ausgeführt. Als die Rote Armee am 30. März 1945 Danzig eroberte, lag die Stadt in Schutt und Asche.

Gdańsk – Eine neue Ära beginnt

Große Teile Danzigs waren zerstört, fast die ganze historische Altstadt, das Rechtstädtische Rathaus, der Artushof, das Grüne Tor, die Frauengasse, der Große Kran, die Speicherinsel, die Katharinenkirche und viele andere Kirchen. Danzig machte den Eindruck einer toten Stadt. Zerstört war die Infrastruktur, es gab kein Wasser, keinen Strom und kein Gas, keine öffentlichen Verkehrsmittel. Hafen und Werftanlagen hatten großen Schaden genommen.

Mit der Stadt mußte zugleich eine neue, nunmehr polnische Gesellschaft aufgebaut werden. Im Juni 1945 lebten in den Ruinen 145.000 Menschen, darunter 8.500 Polen. Ein halbes Jahr später, am 1. Februar 1946, war die polnische Bevölkerung auf 93.500 gestiegen und nur noch 34.000 Deutsche wohnten hier. Die Deutschen verließen die Stadt –

Blick vom Marienturm auf die Rechtstadt, im Hintergrund zerstörte Speicher auf dem Bleihof

mußten sie verlassen. Aus allen Teilen Polens, aus den an die Sowjetunion abgetretenen früheren polnischen Ostgebieten, aus deutschen Konzentrationslagern zogen nun neue Bewohner in die Stadt. 1950 betrug ihre Anzahl bereits 194.600. Schon im Jahr 1956 übertraf die Bevölkerung Danzigs die Vorkriegszahlen. Im Jahr 1970 lebten 365.000 und zehn Jahre später schon 456.000 Einwohner in der wiederentstandenen Ostseemetropole. Für eine lange Zeit wuchs die Bevölkerungszahl schneller als die Zahl der Wohnungen und Gebäude in der Stadt.
Wie sollte die Stadt wieder aufgebaut werden? Sollte man eine ganz neue Stadt errichten oder sich beim Wiederaufbau an den Vorbildern der Vergangenheit und damit auch der deutschen Vergangenheit orientieren? Die notwendige Entscheidung war nicht unumstritten. Einige sprachen dafür, die Ruinen der Altstadt so zu belassen wie sie waren, als ständiges Mahnmal an die Schrecken des Krieges, andere wollten eine gänzlich neue, näher am Hafen und der See gelegene Stadt errichten. Schließlich setzte sich aber die Auffassung durch, die alte historische Innenstadt, wie sie in der Danziger Blütezeit des 16. und 17.

Einweihung des Denkmals zu Ehren der Opfer des Streiks vom Dezember 1970 vor der Lenin-Werft am 16. Dezember 1980

Jahrhunderts bestand, möglichst weitgehend wieder herzurichten. Ohne diesen Wiederaufbau des alten Danziger Zentrums verlöre die neue Stadt Gdańsk ihre Individualität, Schönheit und Tradition, so der Standpunkt, der sich durchsetzen konnte.

Genauso dringend waren allerdings der Wiederaufbau der Betriebe und die Schaffung von Wohnungen. Die Dreistadt Gdańsk-Sopot-Gdynia entstand, ganze Stadtteile wurden neu errichtet, in denen heute die meisten Einwohner leben. Przymorze ist ein solches Beispiel. Hier wurde aufgrund der dramatischen Wohnungsnot in kürzester Zeit neuer und für damalige Verhältnisse modernster Wohnraum geschaffen. Heute wirkt Przymorze auf uns nur noch wie eine gigantische Trabantenstadt mit kilometerlangen Betonburgen, gewiß keine architektonische Meisterleistung.

Gdańsk wurde bald auch zu einem bedeutenden Wirtschaftszentrum in der neugegründeten Volksrepublik Polen. Der Hafen ist heute der größte in Polen, die Werftindustrie beschäftigte 1970 mehr als 20.000 Arbeitskräfte, viele neue Industriezweige entstanden. Schon wenige Tage nach Kriegsende nahm die Technische Hochschule den Lehrbetrieb wieder auf, später wurde auch eine Universität gegründet.

Die Wiederaufbauleistungen sind angesichts der unvorstellbaren Kriegszerstörungen beeindruckend. Doch die ökonomische Entwicklung blieb hinter der vieler anderer Länder in Europa zurück. Das zentrale planwirtschafliche System war für viele Fehlplanungen verantwortlich, die Produktivität staatlicher Betriebe blieb gering und konnte bei weitem nicht die Bedürfnisse der Bevölkerung erfüllen. Als die Regierung im Dezember 1970 Preiserhöhungen verordnete, kam es zu Streiks, Demonstrationen und Aufruhr. Am 16. Dezember 1970 besetzten Danziger Arbeiter das Hauptquartier der Miliz und steckten das Gebäude der Polnischen Vereinigten Arbeiterpartei (PVAP) in Brand. Durch den Einsatz von Militär und einem Großaufgebot der Polizei, bei dem es viele Tote und Verletzte gab, wurde der Aufstand zwar niedergeschlagen, die ökonomischen und politischen Probleme konnten auf diese Weise allerdings nicht gelöst werden.

Die Streiks hatten politische Auswirkungen. Polens Parteichef Gomułka wurde von Edward Gierek abgelöst, die Preiserhöhungen rückgängig gemacht und eine Reihe von Wirtschaftsreformen eingeleitet. Im ganzen Land entstanden, zum erheblichen Teil mit ausländischen Krediten finanziert, neue Investitionsprojekte – in Danzig z.B. der neue Nordhafen. Die wirtschaftliche Situation Anfang der siebziger Jahre verlief zunächst günstig. Die weltweite Wirtschaftskrise in den kapitalistischen Ländern traf jedoch auch die sozialistische Welt. Auch die großen Investitionsprojekte der siebziger Jahre erwiesen sich zum Teil als Fehlplanung, die am Markt und den Bedürfnissen der Menschen vorbeigingen. 1976 wurden Kundgebungen, Demonstrationen und Streiks Vorboten einer neuen Krise. Zum ersten Mal in der Nachkriegsgeschichte sank 1979 das Nationalprodukt. Die ökonomische und zugleich politische Krise war nicht mehr zu verdecken.

Wieder waren es die Danziger Arbeiter, die einen Proteststurm auslösten, der das ganze Land ergriff. Am 14. August 1980 traten die Arbeiter der Lenin-Werft am Rande der historischen Altstadt in den Streik und besetzten ihren Betrieb. In kurzer Zeit weiteten sich die Streiks übers Land aus. Allein in der Region Danzig streikten mehr als 400 Betriebe. Diesmal ging es um mehr als nur um Preissteigerungen. Ein von dem damals noch unbekannten Elektriker Lech Wałęsa angeführtes zwischenbetriebliches Streikkomitee der Danziger Arbeiter legte der Regierung einen 21-Punkte-Katalog vor. Sie forderten grundlegende Wirtschaftsreformen, Presse- und Versammlungsfreiheit und mehr Demokratie in den Betrieben. An erster Stelle aber stand die Forderung nach Zulassung unabhängiger, freier Gewerkschaften.

Der US-amerikanische Präsident Busch besucht 1989 Danzig

Danzig wurde vorübergehend die heimliche Hauptstadt Polens. Die ganze Welt richtete die Augen auf die besetzte Lenin-Werft. Am 31. August 1980 unterzeichneten hier Lech Wałęsa und der stellvertretende Minsterpräsidenten Polens, M. Jagielski, die »Danziger Vereinbarung«, einen in der bisherigen Geschichte der Volksrepublik Polen und der sozialistischen Staaten beispiellosen Sozialvertrag grundlegender wirtschaftlicher und politischer Reformen. Die auf der Lenin-Werft in Danzig gegründete Gewerkschaft Solidarność hatte innerhalb weniger Wochen im ganzen Land 10 Millionen Mitglieder.

Am 16. Dezember 1980 – auf den Tag genau 10 Jahre nach den blutig niedergeschlagenen Arbeiterunruhen – wurde vor dem Haupttor der Lenin-Werft zum Gedenken an die getöteten Arbeiter ein großes Monument errichtet. An der eindrucksvollen Feier nahmen Vertreter der unabhängigen Gewerkschaft, der katholischen Kirche, der Regierung und der Armee teil. Zwei Jahre später erhielt der mittlerweile wohl bekannteste Danziger Bürger, Lech Wałęsa, in Oslo den Friedensnobelpreis. Und damals noch ganz unvorstellbar: Ein Jahrzehnt später wird er der erste freigewählte Präsident Polens sein. Bis dahin war es allerdings noch ein weiter Weg.

Die Ausrufung des Kriegsrechts am 13. Dezember 1981 unterbrach vorübergehend den Reformprozeß. Doch mit dem Rückgriff auf die alten Instrumente und das alte ökonomische System waren die schwerwiegenden Probleme nicht zu lösen. Die wirtschaftliche Lage des Landes verschlechterte sich weiter. 1988 gingen erneut von der Lenin-Werft Streiks aus, die das Land erschütterten. Neun Jahre nach der »Danziger Vereinbarung« wurde in Warschau am »Runden Tisch« ein neuer Gesellschaftsvertrag zwischen Regierung und Opposition geschlossen. Die anschließenden Wahlen endeten mit einem überwältigenden Erfolg für das Bürgerkomitee Solidarność. Im August 1989 wurde der Vertreter der Solidarność, Tadeusz Mazowiecki, zum neuen Ministerpräsidenten Polens gewählt. Am 12. September 1989 schlug er eine neue Regierung vor, die vom Parlament fast einstimmig gewählt wurde. Ihr gehörten Vertreter all der Parteien und Gremien an, die einen neuen Wirtschaftskurs einschlagen wollten. Die »Solidarität« stellte die Mehrheit in dieser Regierung.

Zu Beginn der neunziger Jahre kam es mehrfach zu Regierungswechseln, neue politische Kräfte bildeten sich heraus, auch die Nachfolger der alten, aufgelösten kommunistischen Partei gewannen wieder an Einfluß. Die Entwicklung in Polen ist im Fluß. Das Experiment des Staatssozialismus ist allerdings endgültig gescheitert. Hoffnungsvolle Anfänge politischer und wirtschaftlicher Reformen sind eingeleitet. Polen ist auf dem Weg zu einer leistungsfähigen Marktwirtschaft vielen anderen früher sozialistischen Ländern voraus. Ein neuer Aufbau der polnischen Gesellschaft und Wirtschaft wird zur Aufgabe der neunziger Jahre. Danzig, die Stadt an der Weichselmündung, die so oft bis in die jüngste Vergangenheit Zentrum der politischen Bewegungen in Polen war, muß sich in einem offenem Europa neu orientieren und seine neue Rolle erst noch finden.

Vom »Danziger Abkommen« zum »Runden Tisch« und zur neuen polnischen Republik

Chronologie der entscheidenden achtziger Jahre

- 14. August 1980: Die Arbeiter der Lenin-Werft treten in den Streik und besetzen ihre Werft. Sie fordern die Wiedereinstellung entlassener Arbeitskräfte, die Errichtung eines Denkmals für die Opfer des Dezember 1970 und Lohnerhöhungen. Ihnen schließen sich fast alle Werften und die großen Betriebe an der Küste an.
- 17. August 1980: Ein überbetriebliches Streikkomitee wird gebildet, Lech Wałęsa wird Vorsitzender. Das Komitee legt einen 21-Punkte-Katalog vor: »Die Forderungen der streikenden polnischen Arbeiter«. An erster Stelle steht der Ruf nach freien Gewerkschaften, es folgen das Recht auf Streik, Freiheit des Wortes, freie Information, Erhöhung der Löhne und Verkürzung der Arbeitszeit.
- 23. August 1980: Auf dem Gelände der Lenin-Werft beginnen Gespräche zwischen einer Regierungskommission unter Leitung des stellvertretenden Ministerpräsidenten M. Jagielski und dem überbetrieblichen Streikkomitee unter Führung von Lech Wałęsa.
- 31. August 1980: Das Streikkomitee und die Regierungskommission einigen sich über alle 21 Forderungen der Streikenden und beschließen das Danziger Abkommen.
- 1. September 1980: Die Arbeiter in Danzig gehen wieder zur Arbeit.
- 6. September 1980: Edward Gierek muß als 1. Sekretär der PVAP zurücktreten, sein Nachfolger wird Stanisław Kania.
- 10. November 1980: Nach einer Entscheidung des Obersten Gerichtshofs wird Solidarność als gesetzmäßig registrierte Gewerkschaftsorganisation zugelassen.
- 16. Dezember 1980: Das Denkmal zu Ehren der Opfer des Dezember 1970 wird vor der Lenin-Werft enthüllt.
- Februar 1981: Wojciech Jaruzelski wird Regierungschef.
- 13. Dezember 1981: Die Regierung ruft das Kriegsrecht aus. Wałęsa und andere Führer der Solidarność werden interniert. Die Lenin-Werft wird für mehrere Wochen geschlossen.
- 8. Oktober 1982: Die Gewerkschaft Solidarność wird offiziell verboten.
- 11. November 1982: Lech Wałęsa wird wieder freigelassen.
- 22. Juli 1983: Das Kriegsrecht wird aufgehoben.

- 5. Oktober 1983: Lech Wałęsa erhält den Friedensnobelpreis.
- 21. Juli 1984: Amnestie für elf inhaftierte Solidarność-Führer und andere politische Häftlinge.
- 29. November 1987: In einer Volksabstimmung wird ein Vorschlag der polnischen Regierung für Wirtschaftsreformen abgelehnt.
- 24. April 1988: Eine neue Streikwelle erfaßt Polen.
- 31. August 1988: Wałęsa trifft mit Vertretern der Regierung zusammen und ruft anschließend zur Beendigung der Streiks auf.
- 3. September 1988: Die Streiks gehen zu Ende.
- 30. November 1988: Streitgespräch im polnischen Fernsehen zwischen Lech Wałęsa und dem Vorsitzenden der offiziellen Gewerkschaften. Vizepremier Rakowski erklärt danach: »Von diesem Tag an hat sich das Klima im Land geändert – zu unseren Ungunsten.«

Das »Danziger Abkommen«, August 1980

»1. Die Gewerkschaften in der Volksrepublik Polen haben die Hoffnungen und Erwartungen der Arbeiter nicht erfüllt. Es ist daher zweckmäßig, neue sich selbst verwaltende Gewerkschaften ins Leben zu rufen, die authentische Repräsentanten der Arbeiterklasse sein sollen.

2. Die neuen Gewerkschaften werden die materiellen und gesellschaftlichen Interessen der Arbeiter verteidigen und beabsichtigen nicht, die Rolle einer politischen Partei zu spielen. Sie stehen auf dem Boden des Grundsatzes des gesellschaftlichen Eigentums an den Produktionsmitteln. Dieses Prinzip ist die Grundlage der in Polen bestehenden sozialistischen Ordnung. Indem sie anerkennen, daß die PVAP die führende Rolle im Staat innehat, und ohne das internationale Bündnissystem in Frage zu stellen, sind die neuen Gewerkschaften bestrebt, den Menschen der Arbeit entsprechende Mittel der Kontrolle, der Meinungsäußerung und der Verteidigung ihrer Interessen zu sichern...

3. Die Gründung und die Aktivität unabhängiger, sich selbst verwaltender Gewerkschaften entspricht den von Polen ratifizierten Konventionen der Internationalen Arbeitsorganisation... Das Streikrecht wird im Gesetz über die Gewerkschaften garantiert. ...Wir halten es für notwendig, die Arbeit an der Wirtschaftsreform zu beschleunigen...Orientieren soll sich die Wirtschaftsreform an einer grundsätzlich größeren Selbständigkeit der Unternehmen und an einer wirklichen Teilhabe der Arbeiterselbstverwaltung an der Leitung der Betriebe...«

- 6. Februar 1989: Am Runden Tisch beginnen Gespräche zwischen Regierung und Opposition.
- 5. April 1989: Innenminister Kiszczak und Lech Wałęsa unterzeichen einen neuen »Gesellschaftsvertrag«, der weitreichende wirtschaftliche und politische Reformen festlegt.
- 17. April 1989: Die Gewerkschaft Solidarność wird wieder zugelassen. Hauptsitz der Gewerkschaft ist Danzig.
- 4. Juni 1989: Die Parlamentswahlen enden mit einem großen Erfolg für die Opposition: Die Solidarität erhält 99 der 100 Sitze im Senat und mehr als 70% der Stimmen bei den Sejm-Wahlen. Alle Mitglieder des Politbüros der PVAP, die für den Sejm kandidierten, werden nicht gewählt.
- Juli 1989: General Jaruzelski wird mit einer Stimme Mehrheit zum polnischen Staatspräsidenten gewählt.
- 20. August 1989: Tadeusz Mazowiecki, langjähriger Berater und Chefredakteur der Gewerkschaftszeitung der Solidarność, wird mit großer Mehrheit zum neuen Ministerpräsidenten Polens gewählt. Nur vier Abgeordnete des Sejm stimmen gegen ihn. Zum ersten Mal wird in der Volksrepublik Polen ein Nichtkommunist Regierungschef.

Der »Gesellschaftsvertrag«, April 1989

1. Solidarność wie auch die ›Bauernsolidarität‹ werden wieder zugelassen. Wegen Gewerkschaftsarbeit entlassene Arbeiter werden wieder eingestellt.
2. Die Arbeitnehmer erhalten angesichts der Inflationsrate von 60% einen Lohnausgleich.
3. Im Juni finden Parlamentswahlen statt. Von den 460 Sitzen des Sejm (Parlament) werden 299 für die PVAP und mit ihr verbündete Parteien reserviert. Für die anderen können sich alle Bürger bewerben, die mindestens 3000 Stimmen für einen Wahlvorschlag erhalten. Der Senat, eine zweite Kammer, wird neu geschaffen, alle 100 Sitze werden in freien Wahlen vergeben. Sejm und Senat wählen den Staatspräsidenten. Der Staatspräsident wird für sechs Jahre gewählt. Staatspräsident und Senat haben das Recht, gegen Beschlüsse des Sejm ein Veto einzulegen, das der Sejm nur mit Zweidrittelmehrheit überstimmen kann. Der Präsident hat das Recht, das Parlament aufzulösen und Neuwahlen auszuschreiben. Die Opposition erhält Zugang zu einer Tageszeitung und zwei Wochenzeitungen. In Streitfällen vermittelt ein Schiedsgericht aus Vertretern des Runden Tisches.

- 1. September 1989: 50 Jahre nach Beginn des Zweiten Weltkriegs rufen auf der Westerplatte in Danzig Staatspräsident General Jaruzelski, Premierminister Mazowiecki und der Gewerkschaftsvorsitzende Wałęsa gemeinsam zur Versöhnung und zu einem Neuanfang in Polen auf.
- 12. September 1989: Die neue Regierung Polens wird mit nur wenigen Gegenstimmen gewählt. Ihr gehören elf Minister des Bürgerkomitees Solidarność, je vier Minister der PVAP und der Bauernpartei sowie drei Minister der Demokratischen Partei an.

  Ministerpräsident Mazowiecki spricht sich für die Einführung der Marktwirtschaft aus. Er versichert, dabei müsse man auch vorübergehende Arbeitslosigkeit durch die Schließung unrentabler Betriebe in Kauf nehmen. »Die neue Regierung wird unter dem Druck arbeiten, daß jederzeit der eben erst begonnene Aufbau der Demokratie aufgrund der Wirtschaftslage zusammenbrechen kann.« Sofortmaßnahmen gegen die dreistellige Inflationsrate und eine Steuerreform sind unabdingbar, der Złoty soll mit westlichen Währungen konvertibel werden.

  Der Kampf gegen die katastrophale Umweltverschmutzung müsse aufgenommen und den Universitäten volle Selbstverwaltung gegeben werden. Ministerpräsident Mazowiecki sagte aber auch, er könne niemandem eine Erleichterung seiner Lebensumstände versprechen. Der Lebensstandard sei niedriger als vor zehn Jahren und es müsse damit gerechnet werden, daß er noch weiter abnehme.
- 14. November 1990: Unterzeichnung des Vertrages zwischen der Bundesrepublik Deutschland und der Republik Polen über die Bestätigung der zwischen ihnen bestehenden Grenze: In der vorangegangen Diskussion des Deutschen Bundestags machte der deutsche Bundeskanzler Helmut Kohl die historische Bedeutung dieses Vertrages deutlich: »Niemand soll sich täuschen: Wir stehen heute vor einer ganz klaren Entscheidung. Entweder wir bestätigen die bestehende Grenze oder wir verspielen... unsere Chance zur deutschen Einheit.«
- 17. Juni 1991: Bundeskanzler Kohl und der polnische Ministerpräsident unterzeichnen den Vertrag zwischen der Bundesrepublik Deutschland und der Republik Polen über gute Nachbarschaft und freundschaftliche Zusammenarbeit. Mehr als 50 Jahre nach dem deutschen Überfall auf Polen sehen beide Länder darin »einen Akt von historischen Dimensionen« und einen »Wegweiser für die Zukunft Europas«.

Danzig heute

Wirtschaft – Politik – Gesellschaft

Gdańsk, die sechstgrößte Stadt Polens, ist das bedeutendste Wirtschaftszentrum an der polnischen Ostseeküste. Mit den beiden Nachbarstädten Sopot und Gdynia ist sie zu einer Dreistadt, Trójmiasto, zusammengewachsen, die sich über 40 Kilometer an der Ostseeküste entlang erstreckt. 800.000 Einwohner leben hier, fast eine halbe Million in Gdańsk selbst, das zugleich Sitz der gleichnamigen Woiwodschaft ist.
Hafen, Handel und Schiffbau prägen das Bild der Ostseemetropole. Rund um den Hafen ist nach dem Kriege eine maritime Industrie entstanden und zum Teil auch aus den Kriegstrümmern wieder aufgebaut worden. An erster Stelle sind selbstverständlich die fünf Werften zu nennen, in denen noch immer rund 20.000 Menschen arbeiten. Wichtig sind außerdem die sieben Betriebe der Fischerei und fischverarbeitenden Industrie. Die Raffinerie ›Rafineria‹ verarbeitet mit 2000 Beschäftigten am Rande des Nordhafens das aus der GUS kommende Erdöl. Das Phosphatwerk ›FOSFORY‹ produziert Düngemittel für die Landwirtschaft. Der Schwefelhafen ›SIARKOPOL‹ lagert und verflüssigt das aus Südpolen kommende, für den Export bestimmte Schwefel.

Der Hafen – Wirtschaftszentrum und Lebensnerv

Danzig, an der Mündung einer ganz Polen durchziehenden Wasserstraße, ist zuallererst eine Hafenstadt. Daran hat sich seit Jahrhunderten nichts geändert. Früher war die überragende Stellung des Hafens für jeden Besucher Danzigs auf Schritt und Tritt zu erkennen, führten doch alle Gassen des alten Stadtzentrums an die Mottlau. Das Krantor an der Langen Brücke war das beherrschende Symbol des alten Hafens. Nicht weit war der Weg der Kaufleute und Reeder vom Kontor oder Wohnhaus in der Rechtstadt zum Kai und den Speichern. Die Segelschiffe, die Hansekoggen und Kraweele hatten keinen großen Tiefgang, sie konnten ohne Schwierigkeiten über die Weichsel in die Mottlau fahren.
Diese Zeiten sind vergangen. Die wirtschaftlichen und technischen Anforderungen haben sich seither grundlegend verändert, die Schiffe

Links: Im Danziger Hafen

sind breiter und länger geworden und liegen tiefer im Wasser. Für die Entladung eines großen Frachtschiffes werden heute Dutzende von Eisenbahnzügen oder tausende Lastwagen benötigt.

Bereits im 19. Jahrhundert wanderten die Umschlagseinrichtungen immer näher ans Meer heran. Seit dem Weichsel-Durchbruch im Jahr 1840 und der Schaffung einer neuen künstlichen Mündung 1895 ist die Weichsel bei Danzig durch Schleusen vom alten Strom abgesperrt. Die Tote Weichsel, wie sie seither genannt wird, ist nahezu strömungsfrei und auch meeresseitig durch die Halbinsel Hel sehr gut geschützt. Zwischen 1901 und 1903 wurde gegenüber der Einmündung der Mottlau ein neuer Kanal geschaffen, der Kanal Kaszubski, früher Kaiserhafen genannt. Heute ist der alte Hafen an der Mottlau für den Güterumschlag bedeutungslos. Der traditionelle Teil des Hafenumschlags erstreckt sich vom Kanal Kaszubski die Tote Weichsel entlang nach Nowy Port, Neufahrwasser, bis zum Kanal Portowy, dem Hafenkanal kurz vor der Ostseemündung. An beiden Seiten der Weichsel werden an Kaianlagen Getreide, Holz, Phosphate und Schwefel sowie Stückgut aller Art umgeschlagen.

Anfang der siebziger Jahre wurde der Bau des neuen Nordhafens in Angriff genommen, der direkt an der Danziger Bucht liegt. Es war die Zeit der großen Investitions- und Modernisierungswelle unter dem damaligen Parteichef Edward Gierek, die zum beträchtlichen Teil mit Krediten aus dem Westen finanziert wurde. 1974 nahm im Hafen der moderne Kohleterminal den Betrieb auf, in dem 50.000 t Kohle pro Tag aus den oberschlesischen Kohlerevieren in die großen Schiffe verladen und zugleich 600.000 t Kohle gelagert werden können. Mit der Eisenbahn wird die Kohle direkt aus den Gruben an die Förderbänder des Nordhafen gefahren, wo sie automatisch in die Schiffe geladen wird. Die größten Schiffe können hier vor Anker gehen, denn die Wassertiefe beträgt 16,5 Meter.

Der ein Jahr später fertiggestellte Ölterminal ist mit einer Leitung direkt an die fast gleichzeitig errichtete Raffinerie angeschlossen. Noch in den siebziger Jahren war der Bau einer Erzumschlagsanlage geplant, der freilich nicht realisiert wurde. Doch zu diesem Zeitpunkt – der neue Nordhafen war gerade in Betrieb – hatten sich nämlich die ökonomischen Verhältnisse in Polen und auf den Weltmärkten erheblich verschlechtert.

Zwischen 1970 und 1978 wuchs der Hafenumschlag in Gdańsk fast um das Dreifache, von 10 Millionen Tonnen auf 28 Millionen. Dann jedoch

setzte die tiefe Krise ein, 1981 wurden nur noch 12 Millionen Tonnen im Hafen be- und entladen, kaum mehr als Anfang der siebziger Jahre. Inzwischen hat sich die Situation im Hafen wieder verbessert – 20 Millionen Tonnen werden bewegt. Das ist aber noch immer ein Drittel weniger als ein Jahrzehnt zuvor.
Die zentrale, von Warschau gelenkte Investitionsplanung des Hafens sah vor, in Gdańsk Ölimport und -verarbeitung durchzuführen, Kohle und andere Massengüter zu exportieren. Während die Stadt Polens größter Hafen für den Massengutumschlag geworden ist, erhielt Gdynia das modernste Containerterminal in Osteuropa. Für eine wachsende Wirtschaft waren beide Hafenstädte bestens gerüstet. Es kam jedoch zur Krise, ein großer Teil der modernen Kapazitäten ist kaum ausgelastet und wartet auf einen neuen Aufschwung. Ob die langersehnte Verbesserung der polnischen Wirtschaftslage wieder von der Schwerindustrie, von Kohle und Stahl getragen wird, auf den die modernen Danziger Umschlagseinrichtungen eingerichtet sind, scheint jedoch fraglich. Vieles bleibt zu tun, viele Investitionen sind notwendig, wenn der Hafen, in dem auch heute noch einige tausend Menschen im Güterumschlag tätig sind und von dem 100.000 Arbeitskräfte an der ganzen Danziger Bucht direkt oder indirekt abhängen, seine frühere Bedeutung wieder erreichen will.

Schiffbaumetropole mit jahrhundertelanger Tradition
Die Dreistadt an der Bucht war noch in den achtziger Jahren eines der bedeutendsten Schiffbauzentren Europas. Auf den sieben Werften der Region arbeiteten 1989 noch über 30.000 Arbeitskräfte, etwa soviel wie in der ganzen Bundesrepublik zusammen. Die Lenin-Werft und die Nordwerft in Gdańsk sowie die Werft Pariser Kommune in Gdynia bauten Schiffe jeder Größenordnung: Tanker, Frachter und Containerschiffe. Die Piłsudski-Werft und die Werften »Wisła«, »Radunia« und »Nauta« sind hingegen Reparaturwerften. Viele andere Betriebe stellen Ausrüstungsgegenstände für die Werften und die Schiffe, Pumpen, sanitäre und technische Installationen, Kühlsysteme und Navigationsinstrumente her.
Der Schiffbau an Mottlau und Weichsel hat eine bis weit ins 14. Jahrhundert zurückreichende Tradition.
Tausende von See- und Flußschiffen sind im Laufe der Jahrhunderte auf den holz- und teerduftenden Schiffszimmerplätzen auf Kiel gelegt worden. Die Blütezeit Danzigs im 16. und 17. Jahrhundert ging mit einer für damalige Zeiten bedeutsamen Schiffbautätigkeit einher, unter-

*Rechnung der Klawitter-Werft aus dem Jahre 1851
mit einem Bild der Dampfkorvette »Danzig«*

> An einem sonnigen Märzmorgen des Jahres 1849 gab es in Danzig
> Krach und zwar vor einem kleinen Giebelhaus auf der Brabank.
> Ängstliche Frauenhauben lugten durch die Tüllgardinen, und vom
> Ufer kamen neugierig die Schiffszimmerleute herangeschlendert.
> Denn oben auf seiner hölzernen Beischlagtreppe stand schimpfend
> der Schiffbaumeister Johann Wilhelm Klawitter. Unten um die
> Treppe brodelte ein Haufen aufgebrachter Männer. Ihren Wollmützen
> und verwitterten Gesichter sah man an, daß sie etwas mit der
> christlichen Seefahrt zu tun haben mußten; aber die gealterten
> krummen Gestalten ließen auch erkennen, daß das keine Fahrensleute
> waren. Es war die erste Schiffszieher-Revolte in Danzig, das
> Symbol einer neuen Zeit.
> Hatte doch Klawitter am frühen Morgen die preußische Korvette
> »Amazone« durch sein kleines Dampfschiff abschleppen lassen.
> Und nun wetterten die arbeitslosen Schiffszieher, deren gebeugt
> schleppende Rücken bisher die großen Segelschiffe vom Binnenhafen
> an der Langen Brücke bis nach Neufahrwasser an die Reede
> getreidelt hatten. Während man vormittags noch recht laut geworden
> war, schloß man nachmittags einen ebenso friedlichen wie
> seltsamen Kompromiß: Menschen und Maschine zogen fortan gemeinsam
> die großen Windjammer Mottlau und Weichsel stromab.
> »Solang as dat duert«, sagte sich der Schiffbauer. Natürlich hielt es
> das ungleiche Gespann nicht lange miteinander aus.

brochen freilich von immer wiederkehrenden Krisen. Schon im Jahr 1611 waren 18 Schiffbaumeister in der Stadt eingetragen, die etwa 50 bis 100 Gesellen beschäftigten. Ihre Aufträge erhielten die Schiffbauer sowohl von den Reedern der Stadt wie auch aus anderen Ländern. Das ständige Streben der Meister und Zünfte, die Konkurrenz zu begrenzen und die Zahl der zugelassenen Schiffbaumeister zu reduzieren, hatte Erfolg: Im 18. Jahrhundert waren in Danzig in der Regel 8 bis 10 Schiffbaumeister tätig, die aber 100 bis 200 Gesellen beschäftigten. Letztere kamen auch aus Holland, Schweden, Elbing, Königsberg oder Stralsund.

Im Jahr 1745 legte der Rat der Stadt Danzig in einer Verordnung fest, daß die Arbeit der Schiffszimmerleute von März bis September von sechs bis sechs Uhr dauert und in der Winterzeit von halb acht bis halb fünf Uhr. Der Lohn solle in der ersten Periode 50 gr, später 40–45 gr

Schiffszieher an der Weichsel

betragen, der Arbeitsantritt müsse mit fertiger und scharfer Gerätschaft erfolgen. Gleichzeitig wurde den Meistern erlaubt, mehr als die drei bisher erlaubten Gesellen einzustellen. Dies führte kurze Zeit später zu Protesten der Gesellen beim Rat. Der legte daraufhin fest, daß das Verhältnis von Gesellen und Lehrlingen in einem sachgemäßen Zusammenhang stehen müsse. Auch sollte ein zum Gesellen ausgeschriebener Lehrling zunächst zur See reisen und erst danach zum Heiraten berechtigt sein.

Die politischen Wirren während der drei polnischen Teilungen und der Napoleonischen Kriege beeinträchtigten den Schiffbau. Aufschwung nahm er erst wieder nach 1825, als Johann Wilhelm Klawitter, der aus einer alteingesessenen Schiffbaufamilie stammte, die erste moderne Werft gründete. Bereits 1840 baute Klawitter Schiffe aus Eisen, während andernorts noch der Holzschiffbau vorherrschte.

Die Klawitter-Werft ist zwar die älteste und traditionsreichste Privatwerft Danzigs gewesen, doch zu besonderer Größe gelangte sie nie. In ihrer Blütezeit beschäftigte sie kaum mehr als 600 Arbeiter. Die Danziger Reeder hielten zu lange an Holzschiffen fest, so daß es der Werft an einheimischen Aufträgen mangelte und westwärts war die Konkurrenz in Kiel, Hamburg und Bremen zu mächtig.

Der Schiffbaumeister Devrient gründete 1856 die zweite Privatwerft, die später von Johannsen und Co. übernommen wurde. Neue Zeiten hatten sich aber bereits sechs Jahre zuvor mit der Gründung der Kaiserlichen Werft (anfänglich Königliche Werft) angekündigt. Der preußische Staat engagierte sich selbst immer stärker im Schiffbau und vergab Großaufträge im Marineschiffbau. Zwischen 1850 und 1917 wurden 65 Kriegsschiffe mit einer Kapazität von nahezu 300.000 Tonnen in Danzig gebaut. Die Kaiserliche Werft beschäftigte schließlich über 3000 Arbeitskräfte. Auftrieb erhielt der Schiffbau im Jahr 1890, als sich die Elbinger Werft F. Schichau entschloß, an einem günstiger gelegenen Ort eine auf den Großschiffbau spezialisierte Werft zu errichten. Bald wurde Schichau zum größten Unternehmen der Danziger Industrie. Kanonenboote und Kreuzer für die deutsche Marine, Fracht- und Passagierdampfer für die Linienreedereien liefen in großer Zahl vom Stapel, der Hammerkran von Schichau wurde zu einem Symbol des industriellen Fortschritts der Stadt.

Freilich blieb Danzigs wirtschaftliche Entwicklung – auch die des Schiffbaus und des Hafens – im 19. und 20. Jahrhundert hinter der anderer, mehr westlich gelegener Städte zurück. Dies gilt auch für die Epoche der Freien Stadt 1920 bis 1939, in der es zu einer Neuordnung des Schiffbaus kam. Die Kaiserliche Werft – Eigentum des besiegten Deutschland – wurde zu gleichen Teilen dem polnischen Staat und der Freien Stadt übergeben, die gleichzeitig verpflichtet wurden, für eine Periode von 50 Jahren das Eigentum an eine internationale Gesellschaft, die »International Shipbuilding and Engineering Company Ltd.«, zu übertragen. Jeweils 30% des Kapitals hielten Franzosen und Briten und nur 20% jeweils Polen und Danzig. Dies garantierte dem französischen und britischen Kapital entscheidenden Einfluß auf die Werft. Mitte der dreißiger Jahre verkauften die Briten ihren Anteil – freilich nicht an Polen, sondern an einen deutschen Konzern, Otto Wolff Vereinigte Stahlwerke.

Etwas mehr als 100 Jahre bestand die Klawitter-Werft, bis sie in den Wirren der Weltwirtschaftskrise 1932 Konkurs anmelden mußte. Die Schichau-Werft in Danzig und Elbing, die zunächst in privatem Eigentum verblieb, überstand die Krise nur durch staatliche Hilfe. 1929 übernahmen das Deutsche Reich 60% und Preußen 20% des Kapitals. Nur 10% verblieben bei den bisherigen Eigentümern. Sie hatte im Jahre 1928 3.345 Beschäftigte und kaum fünf Jahre später nur noch 228. Ähnlich erging es der Danziger Werft, die 1924 3.368 Arbeitskräfte beschäftigte und 1933 nur noch 817. Obwohl der polnische Staat Miteigentümer war, arbeiteten dort kaum Polen.

Während des Krieges wurden die Werften erneut zu Zentren der Rüstungsproduktion.

Aus den Ruinen der zerstörten Docks bauten die Polen nach 1945 an den alten Standorten eine völlig neue Schiffbauindustrie auf – lange Zeit mit großem Erfolg. Bereits 1948 lief auf der Lenin-Werft, die aus den Trümmern der früheren Kaiserlichen Werft und der Schichau-Werft entstand, das erste polnische Schiff vom Stapel, die MS »Sołdek« – heute ein Museumsschiff am Kai der Mottlau.

Die ökologische Krise

Die Umweltprobleme haben in den vergangenen Jahrzehnten in der Danziger Bucht, im Gebiet der Dreistadt Gdańsk-Gdynia-Sopot, ernste Ausmaße angenommen. Die Woiwodschaft Danzig ist das drittgrößte Verdichtungsgebiet in Polen. Mehr als eine Million Menschen leben in unmittelbarer Küstennähe in den städtischen und industriellen Zentren. 1985 erklärte der Sejm, das polnische Parlament, die Region Danzig neben dem oberschlesischen Industrierevier, der Region Krakau und dem Kupferbecken Liegnitz/Glogau zu einem »ökologischen Katastrophengebiet.« Ministerpräsident Mazowiecki bezeichnete in seiner Regierungserklärung im September 1989 die Bekämpfung der Umweltkatastrophe als eine der Hauptaufgaben der neuen polnischen Regierung. Die ökologischen Probleme, die in der Bucht zu bewältigen sind, stellen eine große Herausforderung dar. Die Weichsel spült unablässig Abwässer aus dem ganzen Land ins Meer. Zwar waren einmal 188 Klärwerke an der Weichsel geplant, doch die Wirtschaftskrise hat die Realisierung solcher Planungen verhindert. Und so ist in einem Bericht aus dem Jahr 1988 nachzulesen, daß 399 von 813 Städten – zu ihnen gehört die Hauptstadt Warschau –, 43.000 Dörfer und 80% der 15.000 Industriekombinate über keine Kläranlagen verfügen. Viele dieser städtischen und industriellen Zentren liegen an der Weichsel oder ihren Nebenflüssen. Daher ist es nicht überraschend, daß dreiviertel aller Schadstoffe, die mit polnischen Flüssen in die Ostsee fließen, aus der Weichsel kommen.

Die Ostsee ist nur ein flaches Binnengewässer. Gerade in der Nähe der städtischen Zentren und Flußmündungen hat sich die Wasserqualität ständig verschlechtert, so daß seit Anfang der achziger Jahre ein Badeverbot an der Küste der Danziger Bucht besteht. In der Dreistadt gibt es zwar eine Kläranlage; doch sie stammt noch aus der Vorkriegszeit und kann den gewachsenen Anforderungen nicht gerecht werden. Ein Neubau ist geplant – die Fertigstellung ungewiß.

Gewiß, nicht alle ökologischen Probleme der Bałtyk sind in Polen hausgemacht. Alle sieben Anrainerstaaten wissen um die enorme Bela-

Kräne der »Danziger Werft«

stung dieses Meeres und tragen dennoch zur weiteren Vergiftung bei. Bedrohlich ist auch die Verschmutzung der polnischen Küste von der Meeresseite her. Fremde Schiffe lassen ihre Abfälle und Abwässer häufig vor der polnischen Ostseeküste ab, weil es für sie immer noch lohnenswerter ist, eine mögliche Strafe zu zahlen, als eine umweltgerechte Entsorgung vorzunehmen.

Auch in Polen sind die Bußgelder und Strafen für Umweltverschmutzung keine entscheidende Abschreckung, häufig sind sie in den Produktionskosten der staatlichen Betriebe schon mit eingeplant. Zwar sind sie seit 1980 dreimal erhöht worden – die Steigerungsrate lag jedoch unter der Inflationsrate. Bedeutende Luftverschmutzungen durch Kohlen- und Schwefeldioxyd gehen von der großen Raffinerie aus, die aber immerhin bereits über eine moderne Drei-Stufen-Kläranlage für Abwässer verfügt. Noch immer werden die Abwässer des Phosphatbetriebs, der Düngemittel für die Landwirtschaft herstellt, direkt in die Weichsel geleitet und gelangen wenig später in die Danziger Bucht. Das betriebseigene Klärwerk des Schwefelhafen Siarkopol ist völlig unzureichend; ständig fließt Schwefel nahezu ungehindert in den Fluß. Die Wirtschaftskrise des vergangenen Jahrzehnts hat die ökologische Krise zwar gemildert und die Wasserqualität der Danziger Bucht ist etwas besser geworden, doch das ist nicht einmal ein schwacher Trost: denn die ökonomische Krise verhindert zugleich eine angemessene ökologische Politik.

Kann man in einer solchen Situation noch Hoffnung haben, daß die Ostsee überlebt, daß es eines Tages wieder möglich ist, an den schönen Stränden der Danziger Bucht zu baden, daß sich die katastrophale Qualität des Trinkwassers verbessert? Immerhin, in Polen sind die Informationen über den Zustand der Umwelt öffentlich zugänglich. Die Zensur hat es schon vor vielen Jahren aufgegeben, die Presse an der Berichterstattung über Umweltskandale zu hindern. Das Zentrale Statistische Amt, die Akademie der Wissenschaften und die Sanitärinspektionen veröffentlichen regelmäßig einschlägiges Datenmaterial über die ökologischen Probleme. Und Information ist zumindest eine wichtige Voraussetzung, um zielgerichtetes ökologisches Handeln möglich zu machen. Viele Organisationen, Gruppen und Bewegungen arbeiten in der Dreistadt aktiv für die Verbesserung der Umwelt und die Stärkung des Umweltbewußtseins in der Gesellschaft. Dazu gehört die Danziger Gruppe des »Polski Klub Ekologiczny« (PKE), einer unabhängigen Initiative, in der viele Intellektuelle mitarbeiten. Zu den aktiven Umweltgruppen gehört auch »Wolę być« (»Ich will lieber sein«), die »Ökologische Bewegung des Hl. Franziskus von Assisi«, eine von Franziskanermönchen in Krakau gegründete Initiative, sowie die Baltische Gesellschaft und die Kaschubisch-Pommeranische Vereinigung. Auch Greenpeace war in Danzig wiederholt aktiv. Im Juni 1988 reiste eine Greenpeace-Gruppe mit einem Laborbus nach Danzig, um gemeinsam mit polnischen Wissenschaftlern die Ostseeverschmutzung anzuprangern. Sie durften sogar im Fischerhafen Puck – und damit im militärischen Sperrgebiet – Proben entnehmen, tauchen und fotografieren, und dies alles von einem westlichen Fernsehteam begleitet.

Die Verschmutzung von Ostsee und Weichsel und die dadurch erschwerte Trinkwasserversorgung sind verständlicherweise die drängendsten ökologischen Probleme in der Danziger Bucht. Doch auch die Atomenergie ist ein vieldiskutiertes Thema. Hoffnung besteht allerdings, daß sich das naheliegendste Problem von selbst löst. 1989 wurde der weit vorangeschrittene Bau des ersten polnischen Kernkraftwerks Żarnowiec, nordwestlich von Danzig, eingestellt. Die Banken sind zu weiterer Finanzierung nicht bereit. Die Mühen und Anstrengungen einer kleinen antimilitaristischen und ökologischen Gruppe haben vielleicht

Sandstrand an der Danziger Bucht

auch ein wenig dazu beigetragen. »Wolność i Pokój« (WiP – Freiheit und Frieden) beschäftigte sich erst mit den Problemen, die durch Tschernobyl entstanden und führte dann unter Parolen, wie »besser Toilettenpapier als Atomreaktoren« (Toilettenpapier ist in Polen äußerst knapp) oder »der radioaktive Wind zerstört die Zweifel« 1988 fast jeden Freitag Demonstrationen in der Danziger Innenstadt gegen den Bau des Atomkraftwerks Żarnowiec durch. Auf den Straßen lösten die Aktionen kontroverse und lebendige Diskussionen aus.

Auch im Presse- und Buchklub auf dem Langen Markt in Gdańsk kam es immer wieder zu Diskussionen über Żarnowiec. Sehr kritisch äußerte sich ein Beitrag der Wochenzeitung »Odrodzenie« im Dezember 1987 über das geplante Kernkraftwerk und die ökologischen Probleme »Was die Menschen am meisten beunruhigt, ist der polnische Weg zur Atomenergie. Sie werden zunehmend von Zweifeln geplagt. Aber wenn man die Engpässe in der Versorgung mit Baumaterial von höchster Qualität vor Augen hat, sich unsere Unfähigkeit, eine gute Arbeitsorganisation einzuführen, bewußt wird, die Disziplinlosigkeit auf unseren Baustellen sieht und das Fehlen von Erfahrungen in puncto Reaktorbau einkalkuliert, kann man dann mit ruhigem Gewissen sagen: Ja, ich bin für Atomenergie?« Und in der Zeitschrift »Odrodzenie« wird zugleich eine weiteres zentrales Problem, die »gigantische Verschwendung von Energie« angeprangert: »Weiterhin klammern wir uns an alte, energieintensive Technologien. Viele Betriebe und ganze Wirtschaftszweige vergeuden Strom und Wärme. Durch Fenster, Türen und Wände entweichen Milliarden von Kalorien. Was macht mehr Sinn: gefährliche Kraftwerke zu bauen, die dieses System konservieren, oder endlich energiebewußter zu leben?«

Angesichts der gigantischen ökologischen Probleme, denen Polen und die Dreistadt an der Danziger Bucht gegenüberstehen, übersieht man leicht, daß in anderer Hinsicht Vorbildliches geleistet worden ist. Viele große Naturparks an der Ostseeküste schützen die Umwelt, Flora und Fauna. Die Küste ist nirgends mit Betonburgen zugebaut, und 50 Kilometer westlich oder östlich von Gdańsk gelangt man bereits wieder an schöne Sandstrände, die in ökologischer Qualität die west- und ostdeutschen Küstengebiete bei weitem übertreffen.

Doch das darf nicht darüber hinwegtäuschen, daß die Bewältigung der Umweltprobleme eine der größten Herausforderungen in Zukunft darstellen wird.

Kultur

Nach Kriegsende begann in Gdańsk ein völlig neues kulturelles Leben. Die Herausforderungen, die dabei auf die neuen Einwohner zukamen, waren nicht geringer als der materielle Wiederaufbau der Stadt. Denn es waren ja nicht nur das Theater und viele andere kulturelle Einrichtungen zerstört – die Institutionen des kulturellen Lebens waren vor dem Krieg jahrhundertelang deutsch. Im 19. und 20. Jahrhundert wurde polnische Kultur kaum zugelassen, zumeist behindert oder unterdrückt. Insbesondere die Nationalsozialisten versuchten schließlich alle Spuren polnischen Lebens in dieser Stadt zu vernichten. Wiederaufbau, das bedeutete folglich zugleich Schaffung eines ganz neuen, nun mehr polnischen Kulturlebens. Dabei konnten sich die Künstler der Sprache und Musik – anders als die Architekten, Baumeister und Restaurateure – kaum an eigenen historischen Vorbildern aus Danzig orientieren.

Theater
Schon kurz nach Ende des Krieges begann das Thaterleben mit zwei Ensembles, dem Theater der Marine und dem Theater »Komedia«. Im November 1946 startete das städtische Theater »Wybrzeże« (Küste) mit

Schauspielaufführungen unter Leitung von Iwo Gall. Mit seinem Team realisierte er ein ambitioniertes Repertoire in Gdańsk, Sopot und Gdynia, das weit über die Region hinaus bekannt wurde. Viele Erfolge hatte das Theater auch unter Leitung von Sigmund Hübner, der selbst Regie führte und mit bekannten Schauspielern wie Z. Cybulski, B. Kobiela und A. Wajda zusammenarbeitete.

Zwei Jahrzehnte lang mußte »Wybrzeże« unter erschwerten Bedingungen arbeiten, da es über kein eigenes Haus verfügte. 1967 wurde das neue Theater am Targ Węglowy eröffnet, an der gleichen Stelle, an der früher das Staatstheater bzw. Königliche Theater – die Danziger nannten es Kaffeemühle – stand. Es gehört noch heute zu den modernsten Bühnen in Polen. Dies kann freilich nicht darüber hinwegtäuschen, daß es zur Zeit eine Krise erlebt, deren Auswirkungen bedrohlich und stark zu spüren sind. Der Verfall der Gebäude schreitet voran, wichtige Künstler verließen in den achtziger Jahren das Theater, nicht zuletzt weil die berufliche und moralische Stellung der Akteure sinkt. Kritiker werfen den Kulturbehörden vor, vergessen zu haben, daß das Schauspiel überall subventioniert werden muß. Das reale Budget ist im Vergleich zu den 70er Jahren um die Hälfte gesunken. Aber auch künstlerisch ist das heutige Theater Wybrzeże ist nicht mehr mit dem der siebziger Jahre zu vergleichen, bemängeln der literarische Leiter, Władysław Zawistowski, und sein Kollege Krzysztof Babicki. Obwohl es verboten war, bestimmte Probleme beim Namen zu nennen, entstanden damals ausgezeichnete Neuinterpretationen klassischer Werke und es blühte die Dramaturgie. Von diesem Enthusiasmus ist heute wenig geblieben. Das Theater scheint orientierungslos in einer orientierungslosen Gesellschaft.

In den vergangenen Jahren ist eine breite öffentliche Diskussion über den »Zustand des zeitgenössischen polnischen Theater« geführt worden. Die Theaterkritikerin Ewa Nawrocka verbindet die Krise mit der Krise der Dramaturgie. Das literarische Milieu der Küste exitiere nicht mehr. Jerzy Afanasjew zum Beispiel – der legendären Mitgründer des studentischen Theaters »Bim-Bom« und des Kabaretts »Trallabomba« – schrieb früher Theaterstücke und konzentriert sich heute auf Regie und das Schreiben von Librettos. Stanisława Fleszerowa-Muskat, eine der produktivsten Schriftstellerinnen dramatischer Texte seit den dreißiger Jahren, verstummte. Lucyna Legut schreibt jetzt Märchen für Kinder. Michał Misiorny und Jerzy Surdykowski verließen die Küste. Literarische Proben junger Autoren geben allerdings auch zu Hoffnun-

Günter Grass (2. v. l.), mittlerweile Ehrenbürger der Stadt, während eines Danzig Besuches im Artushof

gen Anlaß, schreibt Ewa Nawrocka: Beispiele sind Anna Janko, Krzysztof Wójcicki und vor allen Władysław Zawistowski. Ihre in den 70er und 80er Jahren entstandenen Dramen setzen sich häufig mit der polnischen Geschichte des 18. und 19. Jahrhunderts auseinander, einem Zeitraum, den sie als Wurzel der Gegenwart und des heutigen Denkens verstehen. Die Dramen der Danziger Autoren stimmen zwar mit den allgemeinen Entwicklungen und Tendenzen der anderen polnischen Dramatiker überein, sie setzen aber auch eigene Akzente. Zum Beispiel das Theaterstück »Das Schlachten der Puppen« von Anna Janko. Keine Biographie gibt es ohne Krieg, das ist ihr zentraler Gedanke, den sie im Schauspiel illustriert. Sie zeigt, daß die Faszination der Frauen von Rittern und Soldaten eine typische Projektion der polnischen Literatur ist und ironisiert dies. Anna Janko gründet ihr Stück auf Diskussionen über Freiheit, Geschichte und Nationalität, die sie und andere Künstler ihres Jahrgangs führten.

Einen großen Erfolg hatte der junge Dramaturg Władysław Zawistowski mit seinem Stück »Wysocki« über den Helden der Novembernacht. Diese Aufführung hat viele Parallelen zur aktuellen polnischen Realität. Es beschreibt den moralischen Konflikt der polnischen Intelligenz der Gegenwart, die sich oft weigert, an der Geschichte teilzunehmen und sich ins Privatleben zurückzieht.

Der September 1939 ist immer noch ein aktuelles Thema. Die Dramen »Gloria Victis« (1984) – über das Geschehen auf der Westerplatte – und »Dieser Platz, jene Zeit« vom Kazimierz Radowicz sind Früchte solchen Interesses. Einem Thema der jüngsten Vergangenheit nimmt sich das Stück von Janusz Taryłła »Der Schneemann« (1985) an. Diese Tragikgroteske setzt sich mit dem Kriegszustand unter General Jaruzelski auseinander und stellt die polnische Realität durch das Prisma der Groteske dar.

Im Repertoire des Theater »Wybrzeże« waren in letzter Zeit neben diesen modernen auch klassische polnische Stücke von Mrożek, Iredyński, die zweite Inszenierung der »Deutschen« von Leon Kruczkowski, Witold Gombrowicz, Różewicz sowie Stücke des Papstes Karol Wojtyła zu sehen.

Oper, Philharmonie

Seit 1949 besteht die Baltische Oper, die unter gemeinsamer Verwaltung mit der Baltischen Philharmonie zusammenarbeitet. Beide residieren im Opernhaus in Wrzeszcz an der Straße Aleja Zwycięstwa.

Die Oper begann ihre Arbeit 1949 mit der Aufführung »Halka« von Moniuszko unter Regie von Iwo Galla und beschränkt ihr Repertoire nicht auf gängige Operetten wie »Die lustige Witwe«, sondern bemüht sich auch um zeitgenössische und komplexere Werke.

Die Baltische Oper hat auch beachtliche Erfolge im Ausland. Während der Ostseewochen in Rostock z. B. zeigte sie »Der Maskenball« von Verdi, »Das Gespensterschloß« von Moniuszko, das Ballett »Aschenputtel« von Prokofjew und »Die Kleine Suite« zur Musik Lutosławskis.

Besondere Beachtung verdient die Tätigkeit des 1980 eröffneten Musiktheaters in Gdynia, das seinen Sitz in einem schönen, modernen Bau hat. Dem Anspruch des ersten Direktors dieser Bühne, Andrzej Cybulski, ist es zu verdanken, daß neben dem traditionellen Repertoire auch künstlerisch hervorragende, mit ihrem Inhalt in der Gegenwart wurzelnde Musicals polnischer Autoren und Komponisten aufgeführt wurden. Ein Erfolg gelang im Dezember 1980 mit dem politisch engagierten Musical »Kolęda Nocka« von Ernest Bryll mit einer gelungenen Rockmusik von Wojciech Trzciński und der glänzenden szenographischen Bearbeitung von Marian Kołodziejski. Das im Frühjahr 1981 auch in Warschau aufgeführte Musical erhielt dort einen begeisterten Zuspruch.

Die Waldoper in Sopot

Die Opera Leśna am waldreichen Stadtrand Sopots ist eine Freilichtbühne, die bereits 1909 gegründet wurde. In der Zwischenkriegszeit fanden hier Richard-Wagner-Festspiele unter Beteiligung berühmter Solisten statt. Nach dem Krieg gab es schon im Juli 1945 erste Musikdarbietungen.

Heute gehört zu den bekanntesten Kulturveranstaltungen der Stadt das Internationale Festival des Liedes, an dem viele bekannte Sänger teilnehmen und teilgenommen haben. Vielen eröffnete dieses Festival den Weg zu einer internationalen Karriere. Ein unvergessenes Erlebnis in der Opera Leśna war die Aufführung des Rockballetts »Faust Goes Rock« des Polnischen Tanztheaters von Ewa Wycichowska aus Poznań, die diese Show zusammen mit Jürgen Rosenthal vorbereitet hatte. Die Musik komponierte die westdeutsche Rock-Gruppe Shade. Aufmerksamkeit erregte auch das Ballett »Wolfgang Amadeus« in der Choreographie von Grey Veredon, aufgeführt vom Großen Theater aus Łódź.

Kulturhäuser

In vielen Stadtteilen von Gdańsk gibt es Kulturhäuser, die an skandinavische Vorbilder anknüpfen. Ihre Aufgabe ist mit der von Bürgerhäusern oder Kommunikationzentren in vielen Städten der Bundesrepublik vergleichbar. In Polen sind sie unter dem Patronat der Wohnungsgenossenschaften tätig.

Eugeniusz Kupper, ein Danziger Dichter und Programmleiter des Kulturhauses im Morena, einem Stadtteil von Gdańsk, erläutert: »Unser Haus trägt den Namen einer berühmten Dramatikerin, Stanisława Przybyszewska, die in der Freien Stadt Danzig lebte. Nach ihrem Drama drehte Andrzej Wajda sein Film ›Danton‹. Wir sind diesem Namen mit unserem Programm verpflichtet und führen ihre Theaterstücke mit anschließenden Workshops auf; oft nimmt daran auch das Nationaltheater von Jerzy Krasowski teil, der als erster Przybyszewska nach dem Krieg auf der Bühne zeigte.«

Die Einwohner des Stadtteils haben die Möglichkeit, hier ihren kreativen Interessen nachzugehen. Für alle Altersgruppen gibt es Angebote, die von Pädagogen oder Künstlern betreut werden. Kinder können unter

Rechts: Politechnikum der Universität Gdańsk

der fachlichen Betreuung des Krzysztof Polakowski malen oder basteln. Im Club der schreibenden Kinder »Strophe« üben sie sich in Literatur und können auch erste eigene literarische Versuche entwickeln und prüfen lassen. Zu solchen Treffen werden auch Literaten eingeladen. Die Bühne von Morena hat schon erste Erfolge und erfreut sich beträchtlicher Popularität. Ein großer Saal ermöglicht regelmäßige Veranstaltungen wie Konzerte, Ausstellungen und Versammlungen. Professor Tadeusz Kandowski und Lech Miądowicz betreuen Ballett- und Musikgruppen. Video- und Computergruppen bringen die Kinder mit moderner Technik in Kontakt. Den Sportgruppen stehen gute Ausstattungen zur Verfügung. Auch finden hier Fremdsprachenkurse statt.

Die Musikszene

Die kreativste Jugendmusikszene in Polen findet man in Gdańsk. Die geographische Lage und politische Kultur der Stadt erleichtert den Zugang zu Informationen. Hier existieren ca. 80 Musikgruppen unterschiedlichster Art, darunter auch die einzige feministische Gruppe in Polen, »Schwarze Augen«. Manche Gruppen gehen nach kurzer Zeit auseinander, verschwinden. Ihren Platz nehmen aber sofort neue ein.

Magda Kunicka-Choińska, Leiterin eines Kulturhauses im Stadtteil Suchanino, das bei den Jugendlichen »Burdel« genannt wird, ist gleichzeitig Managerin junger Gruppen. Über die Szene in Gdańsk sagt sie: »Nach dem Kriegszustand traten 1982/83 in der Stadt die ersten Rockgruppen unter Parolen der Danziger Alternativszene auf, die sich deutlich von anderen im Land unterscheiden wollten. Autoren dieser Gruppen waren die ›Jungen Wilden‹, die mit der Gegenwart nicht einverstanden waren. Stark unter Einflüssen westlicher Rockgruppen, äußerten sie noch im Untergrund ihren Protest in musikalischer Form. Gruppen mit so bizarren Namen wie ›Unterwäsche Goerings‹, ›Coctail Bar‹, ›Mantra-beat‹, ›Unra‹, ›Sake‹ brauchen heute jedoch nicht mehr heimlich im Keller oder in alten Garagen zu üben. Im ›Burdel‹ können sie ganz offen experimentieren. Die ersten öffentlichen Rockkonzerte gab es schon im Kulturhaus.«

Um die Betreuung solcher Gruppen bemüht sich auch das Kulturhaus in Gdynia, das mit erfolgreichen eigenen Gruppen schon Veranstaltungen in der Waldoper und im Sommertheater in Sopot verwirklichte. Die Zahl der Gruppen, die sich politisch engagieren, ist in letzter Zeit gestiegen. Gruppen wie »Apoteose«, »Panzerfahrräder«, »Canada Blues«, »No Limits«, »Ganz einfach« und andere sind hinzugekommen. Die Band-Namen einer anderen Strömung klingen optimistischer.

Gruppen wie z.B »Garten Party«, »Golden Live«, »Thirsty mum«, »Sea Side Dixieland Band«, »Big Band«, »Jaguar«, »Fliegende Nähmaschine« orientieren sich an leichter amerikanischer Pop- und Rockmusik, singen in englischer Sprache gefühlsbetonte Lieder. Die Texte bestehen aus originellen Wortspielen und freien Assoziationen, gelegentlich durchaus mit politischem Anklang. »Wir heißen Euch in der Freien Stadt Danzig willkommen« begann provozierend die Gruppe »Snukaski« ihr Konzert 1988. »Das Geräusch fallender Papierstücke«, »Computer plus Jazz«, »Liebe« – das sind Namen einiger Gruppen, die in bester Heavy-Metal-Manier experimentieren.

Ein Forum zur Veröffentlichung der Produkte der alternativen Szene ist »Schallplatte Gdynia«. Das Fernsehen überträgt im Programm Non Stop Color häufig Ausschnitte aus den Konzerten der Gruppen. Und auch der »Pfadfinderrundfunksender« trägt zur Verbreitung der Musik bei.

»Żak« – der Klub der Polnischen Studenten

An einem wichtigen Verkehrsknotenpunkt Danzigs, Hucisko, nicht weit vom Kohlenmarkt entfernt, erhebt sich ein stattliches Neorenaissancegebäude. Das Palais aus der Jahrhundertwende war zu Zeiten der »Freien Stadt Danzig« Residenz des Hohen Kommissars des Völkerbundes. Seit 1956 ist es Sitz des Klubs der Studenten (Klub Studentów Wybrzeża Żak). Żak heißt Scholar. Zehn Jahre war das stattliche Gebäude, das im Krieg unzerstört blieb, geschlossen – wegen Reparaturarbeiten; einige vermuteten aber auch politische Gründe. Im Januar 1988 startete Żak einen Neuanfang und ist jetzt wieder der Treffpunkt von Studenten und Jugendlichen in Gdańsk geworden.

Die Theater »Bim-Bom«, »Co to jest?« (»Was ist das«) und »Cyrk Rodziny Afanasjew« haben Żak genauso in die kulturelle Chronik der Stadt verankert wie das Filmtheater. Der »Dyskusion Club Film« (DKF) organisierte Diskussionen über Filme – die auch bei uns sehr bekannten Andrzej Wajda und Roman Polański waren oft hier. Heute trägt der Filmklub den Namen »Zbigniew Cybulski Filmklub«, nach einem berühmten, früh verunglückten Danziger Schauspieler, der im »Bim-Bom« erste Erfolge hatte. Jeden Montag finden Filmvorführungen statt. Einmal im Jahr organisiert der Klub das Festival des »Jungen Polnischen Kinos«. Diese Initiative stammt von Lucjan Bokiniec, dem Vorsitzenden des DKF. Für begabte Laureaten wird ein Grand Prix jährlich vergeben. Der Leiter des Kinos, Marek Wołoszczyk, hat das Kino gepachtet. In seiner zweijährigen Praxis als Selbständiger sammelte er erste Erfahrungen und gibt einen Rückblick: »Das ist nicht mehr das ›Żak‹ von früher, massenhaft von Studenten besucht. Wenn ich heute ambitionierte Filme präsentiere, z.B unter der Parole ›Geschichte und Schicksal des Individuums‹ mit Filmen von Aleksander Proszkin, Jurij Kara, Kira Muratowa aus der Sowjetunion oder Andrzej Wajda, kommen nur wenige. Auch die westlichen Filme, die zu den besten gehören und prämiert sind, wie ›Platoon‹, ›Die Brücke am Kwai‹, ›Apocalypse Now‹ und auch die Filme von Milos Forman haben nur ein spärliches Publikum.

Es scheint, daß die Leute müde geworden sind. Mit politischen und psychologischen Problemen wollen sie sich nicht mehr beschäftigen. Viel populärer sind die kommerziellen erotischen und vor allen die Video-Clips. Die frühere Tradition der Treffen mit Regisseuren und einer Diskussion im Anschluß an den Film kann ich nicht mehr pflegen. Ich kann ihnen nur 6000 Złoty anbieten und dafür kommen sie nicht«.

Żak versucht auch, die alten theatralischen Traditionen zu erneuern. Das Theater »TAKO« organisiert eine künstlerische Werkstatt und lädt andere Theater wie z.B. das Grotowski Laboratorium aus Breslau oder aus Zakopane ein. Seine eigenen Aufführungen entstehen oft auf der Basis von Texten von Franz Kafka oder der Bibel. Sehr populär ist der Zyklus »Wiste« geworden.

Das Akademische Büro der Kultur und Kunst »Alma Art« gibt Editionen der »Danziger Tage der Poesie« heraus. Auf Initiative dieses Büros finden auch Wettbewerbe einzelner Schauspieler und gesellschaftlich engagierter Poesie um den Preis der Roten Rose statt. »Alma Press«, ein anderer Verlag mit Sitz im Studentenklub, publiziert Poesie schon bekannter Dichter wie z.B. J. Stachura.

Hochschulen und Universität

Das wissenschaftliche Leben in Gdańsk begann bereits unmittelbar nach dem Krieg. Die Technische Hochschule (Politechnika Gdańska) nahm zuerst ihren Lehrbetrieb auf, kurz darauf die Hochschule für Seehandel in Sopot und die Hochschule für Kunst, die heute ihren Sitz im Zeughaus hat.

Die Anfänge waren extrem schwierig, die Zentralbibliothek war niedergebrannt, die Gebäude schwer angegriffen und ein Großteil der wissenschaftlichen Ausrüstungen noch vor Kriegsende nach Deutschland verbracht worden.

Die Hochschulen mußten auf völlig neuer Grundlage Lehre und Forschung organisieren; freilich konnten sie auf institutionellen Voraussetzungen aufbauen. Eine Universität hingegen gab es vor dem Krieg nicht. Hierin ähnelte Danzig anderen Hafen- und Handelsstädten wie z.B. Lübeck oder Bremen, in denen die dominierende Kaufmannschaft offensichtlich auf wissenschaftliche Ausbildung nicht so großen Wert legte. Erst 1970 wurde auf dem Fundament der Hochschule für Seehandel und der Pädagogischen Hochschule die Universität gegründet. Sie hat in kurzer Zeit beachtliche Anerkennung gefunden.

Der Sitz des Rektorats ist in Gdańsk-Przymorze, ganz in der Nähe der Zentralbibliothek in Sopot befindet sich das Fremdspracheninstitut (u.a. mit einem Seminar für deutsche Sprachen), das auch Polnischunterricht für ausländische Studenten anbietet.

Zwischen der Universität Gdańsk und der Universität Bremen besteht seit 1979 eine Partnerschaft. Viele Bremer Wissenschaftler besuchten die Danziger Universität, viele Hochschullehrer der Universität Gdańsk kamen nach Bremen. Pläne für gemeinsame Forschungsvorhaben und Arbeitstagungen konnten jedoch zunächst nicht verwirklicht werden. Die Ausrufung des Kriegsrechts unterbrach für sieben Jahre die Zusammenarbeit. 1988 wurde ein neuer Vertrag über die Kooperation in Lehre und Forschung unterzeichnet, der zu enger Zusammenarbeit auf vielen wissenschaftlichen Feldern führen soll. Gemeinsame Arbeitstagungen sind genauso geplant wie ein Studentenaustausch.

☞ **Universität Gdańsk, Rektorat, Gdańsk-Przymorze, ul. Bażyńskiego 10**
Zentralbibliothek, Sopot, ul. Armii Czerwonej 110
Die Universität ist in sechs Fakultäten gegliedert, die sich in 81-952 Gdańsk-Oliwa, 81-824 Sopot und 81-378 Gdynia befinden.
Fakultät für Biologie, Geographie und Ozeanologie Gdynia, ul. Czołgistów 46
Fakultät für Ökonomik der Produktion Sopot, ul. Armii Czerwonej 101
Fakultät für Ökonomik des Transportwesens Sopot, ul. Armii Czerwonej 119/121
Fakultät für Humanistik Gdańsk-Oliwa, Wita Stowsza 55
Fakultät für Mathematik, Physik und Chemie Gdańsk-Oliwa, Wita Stowsza 57
Fakultät für Rechtswissenschaften und Verwaltung Sopot, ul. 1 Maja

Rundgänge durch Danzig

Vom Turm des Rechtstädtischen Rathauses oder der Marienkirche, vom Hagelsberg hinter dem Hauptbahnhof oder vom Bischofsberg gewinnen Sie schnell einen ersten Überblick über das alte, dank polnischer Restauratorenkunst wiedererstandene Danzig. Wir laden Sie zu einem Rundgang durch dieses längst vergangene, zerstörte und doch nach dem Krieg wieder aufgebaute Danzig oder Gdańsk ein. Sie lernen eine der schönsten europäischen Altstädte kennen, die »letzte Selbstdarstellung des Bürgertums« (Georg Dehio). Die Zeugen der Vergangenheit sind unsere Zukunft – dies war die Leitlinie der polnischen Restaurateure nach 1945. Die einstmals größte und mächtigste Stadt im polnischen Königreich, von vielen deutschen Bürgern bewohnt, von niederländischen, flämischen, italienischen Künstlern ausgeschmückt, war eine Metropole europäischer Kultur und Architektur. Bei schönem Wetter blicken Sie weit über den alten Stadtkern hinaus in das Danziger Werder, das Land an der Weichselmündung oder nach Oliva und Sopot. Der Weg an einen der schönsten Küstenstreifen der Ostsee – Bałtyk nennen sie die Polen – ist nicht weit, hin zu kilometerlangen Sandstränden und zum Frischen Haff. Dort, kurz vor der heutigen Grenze zwischen Polen und der früheren Sowjetunion – der heutigen russischen Exklave Kaliningrad –, nicht mehr als 50 oder 60 Kilometer von Gdańsk entfernt, erreichen sie andere Orte deutscher Vergangenheit, die Anfänge und das Ende deutscher Kultur im Osten Europas: die immer noch mächtig wirkende Marienburg des Deutschen Ritterordens und nur wenige Kilometer weiter das Konzentrationslager Stutthof. Unser Reisebuch will Sie auch an diese Stätten führen.

Die Struktur der historischen Innenstadt

Die Innenstadt Danzigs, die kurz vor Ende des zweiten Weltkriegs nahezu vollständig zerstört und dann nach historischen Vorbildern wieder aufgebaut wurde, besteht aus mehreren Stadtteilen, die im Mittelalter noch selbständige Städte waren: Główne Miasto, die 1343 gegründete Rechtstadt, ist über viele Jahrhunderte das Zentrum der Ansiedlung gewesen. In ihr lebten die wohlhabenden Bürger (Patrizier),

Links: »Dominikanermarkt« vor dem Artushof

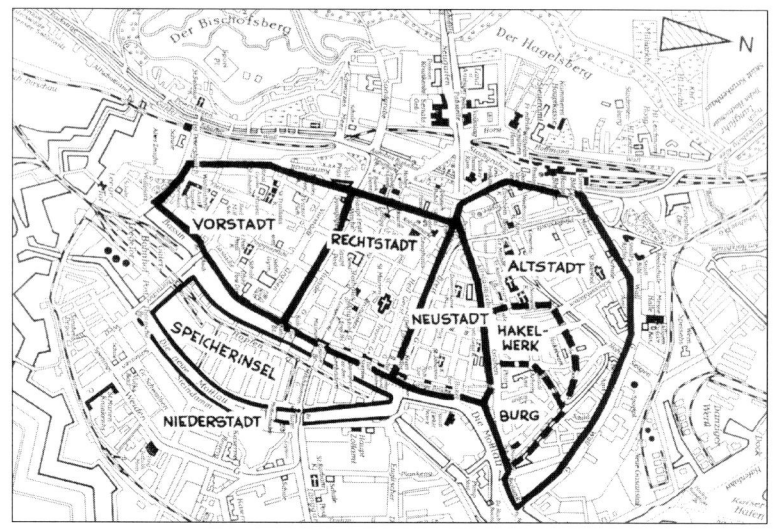
Die Struktur der Stadt spiegelt ihre Entwicklung wieder.

und auch die polnischen Könige hatten hier ihren Wohnsitz, wenn sie Danzig besuchten.

Im Norden schließt sich daran die Altstadt, Stare Miasto, an. Sie ist der älteste Teil Danzigs, auch wenn sie erst 1375 das Stadtrecht erhielt. Ursprünglich befand sich hier eine slawische Fischersiedlung, im 12. und 13. Jahrhundert errichteten die Herzöge Pommerellens hier ihre Burgen und 1308 zerstörte der deutsche Ritterorden die älteste Siedlung und errichtete hier eine eigene Burg. Südlich der Rechtstadt entstand im Verlauf des 14. Jahrhunderts die Alte Vorstadt, Stare Przedmieście. Sie lag außerhalb der Befestigungsmauern. Im Verlauf des 16. Jahrhunderts bildete sich im Westen die Dolne Miasto, die Niederstadt heraus. Zwischen Rechtstadt und Altstadt schob sich mit zunehmendem Wachstum die Neustadt. Diese Struktur bildete den Kern der Hansestadt Danzig und blieb bis 1945 in ihrer historisch gewachsenen Form erhalten.

Für diesen historischen Stadtkern galt der Führerbefehl: »Bis zur Vernichtung zu verteidigen!« So fiel das alte Danzig, das in seiner wesentlichen Bausubstanz noch im Januar 1945 zu retten gewesen wäre, beim russischen Großangriff im März 1945 in Schutt und Asche.

Die Polen errichteten aus den Ruinen des Weltkriegs die Innenstadt nach historischen Vorbildern wieder auf. Es war nicht der originalgetreue

Wiederaufbau der Stadt, wie sie am Beginn des zweiten Weltkriegs bestand. »Wir haben die Stadt wieder aufgebaut. Doch es ist nicht das Danzig der Vorkriegszeit, sondern ein rekonstruiertes Danzig aus dem 18. Jahrhundert«, sagte der frühere Bürgermeister von Gdańsk, Ferdynand Mackiewicz. Auch wurden einige kleinere Gassen ganz weggelassen und das Straßenbild aufgelockert. Auch in der Rechtstadt haben einige Häuser ein anderes Aussehen erhalten. Doch in der wesentlichen Substanz entstand der historische Stadtkern so wieder, wie er sich in vielen Jahrhunderten herausgebildet hatte. Dies ist die einzigartige Leistung polnischer Restaurateure, Architekten, Baumeister und frühzeitiger traditionsbewußter Entscheidungen der polnischen Regierung.

Ein Rundgang durch das alte Danzig

Zwei Stunden sollten Sie mindestens für den ersten Spaziergang durch die historische Innenstadt einrechnen, selbst dann, wenn Ihnen ein oberflächlicher Eindruck zunächst genügt. Wollen Sie aber das Flair der traditionsreichen Ostseemetropole genießen, den unermeßlichen Reichtum erahnen, den die Patrizier im 16. und 17. Jahrhundert anhäuften und den berühmte Baumeister und Maler aus aller Welt ausschmückten, wollen Sie gar einige der Museen oder Kirchen von innen kennenlernen, dann wird Ihnen ein Tag kaum ausreichen. In Geschäften können Sie darüber hinaus die künstlerische Handwerksarbeit, das »Gold der Ostsee« (Bernstein) bewundern. In den letzten Jahren sind viele Boutiquen, die die neueste polnische und europäische Mode führen, eröffnet worden. Zahlreiche Restaurants laden zu einem guten und für westliche Verhältnisse noch immer preiswerten Essen ein. Haben Sie das Glück, in den ersten beiden Augustwochen nach Danzig zu kommen, werden Sie sicher häufiger in die Altstadt zurückkehren, denn dann findet der traditionsreiche Dominikanermarkt statt. Zehntausende bevölkern dann die Altstadt, die zu einem einzigen Antiquitäten- und Trödelmarkt wird.

Stadt der Märkte

Märkte bestimmten das Bild der alten Hansestadt. Keine andere polnische Stadt hatte soviele Marktplätze wie Danzig – die alte Hauptstadt des Handels. Der Lange Markt, der Kohlenmarkt, der Holzmarkt, Fischmarkt, Dominikanermarkt, Buttermarkt – alle im unmittelbaren Zentrum gelegen. Und dann gab es noch den Obstmarkt, den Krebsmarkt (ul. Kalinowskiego), den Heumarkt (Plac Maja), den Viehmarkt (vor dem Stockturm), den Pferdemarkt (Podwale Przedmiejskie). Auf dem Brotmarkt in der Mitte der Heiliggeistgasse wurde an Fremde das Brot verkauft, das von der städtischen Kontrolle nicht zum Verkauf in Danzig zugelassen war. Der Ferkelmarkt wurde zwischen dem Artushof und dem Rathaus abgehalten.

Wir beginnen unseren Stadtrundgang am **Kohlenmarkt**, Targ Węglowy. Hier befinden sich heute ein großer Parkplatz, das Theater und das Zeughaus, die Langgasse beginnt hier, Überreste der alten Stadtmauer sind noch zu sehen. Der Kohlenmarkt ist vom Bahnhof und den zentralen Straßenbahnhaltestellen zu Fuß in wenigen Minuten zu erreichen.

Eines der auffälligsten Gebäude des Kohlenmarkts ist das **Zeughaus**, ein Bau aus der Zeit der Hochrenaissance, der zwischen 1602 und 1605 errichtet wurde und 1945 vollständig ausbrannte. Baumeister war Anthony van Obbergen, 1543 in Mecheln geboren, der bedeutendste Danziger Baumeister seiner Zeit. Im Dienste des dänischen Königs hatte er das Schloß Kronberg in Helsingör entworfen. Von ihm stammen auch viele andere Bauten der Danziger Altstadt. Das vierschiffige, zweistöckig angelegte und reich verzierte frühere Waffenarsenal ist das prächtigste Gebäude der Danziger Renaissance. Es entstand zur Zeit der beginnenden Kriege zwischen Polen und Schweden und sollte das an verschiedenen Stellen der Stadt, u.a. im Grünen Tor gelagerte Kriegsmaterial aufnehmen. Beeindruckend ist die reich geschmückte Fassade mit den prächtigen Skulpturen. Das Gebäude mit einer Grundfläche von 39 x 52 Metern wird von vier parallel laufenden Dächern überdeckt, die sich nach den beiden Längsseiten mit jeweils vier prachtvollen Giebeln auslaufen. Zwei Türme bargen meisterhaft gearbeitete Wendeltreppen, der »Brunnen« diente zum Heben der Kanonenkugeln aus dem Keller. In der großen Halle wurden die Kanonen aufbewahrt und im Obergeschoß die leichteren Waffen. Das Gebäude war der Stolz der Stadt, berichtet der Danziger Historiker Paul Simson, das die Bürger liebten, die Fremden bewunderten und das eine architektonische Meisterleistung ersten Ranges darstellte.

Der Ratsherr Georg Schröder beschrieb 1671 das Innere des Zeughauses:

»Betrachten kann man hier über 200 Geschütze, kleine und große, alle aus Eisen gegossen. Unter ihnen Volle-, Halbe- und Viertel-Mitrailleusen (Kartätschengeschütze, Kugelspritzen), doppelte Hakenmörser und

Rechts: Das Zeughaus

solche, die mehrere drehbare Läufe haben und wieder andere, die aus einem Lauf drei-, vier-, oder sogar fünfmal Feuer geben können, schließlich Geschütze, die von hinten geladen werden... Auch große und kleine Mörser gibt es dort... Im Anschluß besichtigt man dann die sogenannte Apotheke, wo Kisten mit Geschützkugeln, Granaten, Musketenmunition... liegen. Der Wärter zeigt einem auch eiserne »Weintrauben«, »Ingwer«, wie auch andere eiserne Stücke, mit deren Hilfe aus Geschützen geschossen wird.«

Seit dem Ersten Weltkrieg führt eine öffentliche Passage durch das Zeughaus, in der sich heute verschiedene Geschäfte, u.a. ein gutes Kunstgewerbegeschäft befinden. Darüber hinaus ist das Zeughaus auch Sitz der Kunsthochschule. Vom Kohlenmarkt aus sehen wir die rückwärtige Fassade des Zeughauses, an die sich die alte Stadtmauer anschließt.

Noch vor dem Goldenen Tor steht die **St.-Georgs-Halle**, ein von der St.-Georgs-Brüderschaft errichtetes gotisches Gebäude (1487–94). Es diente als Schützenhalle und für festliche Anlässe. Am kleinen Turm auf dem Dach ist eine Metallstatue St. Georgs, des Schutzpatrons der Ritter, zu sehen, der einen Drachen tötet und dessen Helm ein weißer Adler und das polnische Wappen zieren.

Die St.-Georgs-Brüderschaft war eine Vereinigung der reichsten Bürger der Stadt, der Patrizier. In einer solchen Gesellschaft führte man ritterliche Spiele und verschiedene Turniere durch. Ursprünglich gehörte auch der Artushof der St.-Georgs-Brüderschaft. Nachdem dieser 1476 abgebrannt war, wurde er jedoch von der Stadt wieder aufgebaut. Die St.-Georgs-Brüderschaft hatte im neuen Artushof zwar auch eine Bank, doch paßte ihr die dortige nicht mehr ganz so feine Gesellschaft nicht und so errichtete sie ihre eigene Versammlungshalle. Sie besaß auch eine eigene Kapelle in der Marienkirche.

Das Backsteingebäude auf der anderen Seite des Goldenen Tores gehört zum ehemaligen Stadthof, in dem Feuerwehr, Stallungen und die Münze untergebracht waren. Der Südflügel des Hauses mit den drei Türmen aus dem 14. Jahrhundert dient heute als Unterkunft der Pfadfinder.

Das große Backsteingebäude gegenüber dem Stadttor ist heute Sitz der Filiale der polnischen Nationalbank. Früher beherbergte es die Danziger Bank.

Beim Brama Wyżynna, dem **Hohen Tor**, begannen früher die Einzüge der Polenkönige in die Stadt. Es war mit einer Zugbrücke versehen, die den Graben vor der Stadtmauer überquerte. Hohes Tor wurde der

Das Hohe Tor

Eingang zur Stadt genannt, weil von hier der Weg zur Danziger Höhe führte. Das prächtige Tor wurde zwischen 1574 und 1588 von Hans Kramer und Wilhelm von dem Blocke errichtet. Im Fries sind die Wappen Danzigs, Polens und Preußens zu erkennen. Unter dem polnischen Adler ist eine lateinische Inschrift angebracht: »Justitia et pietas duo sunt regnorum omnia fundamenta« (Gerechtigkeit und Frömmigkeit sind die beiden Grundlagen aller Königreiche). Maria Bogucka schildert einen solchen königlichen Besuch in Danzig Mitte des 17. Jahrhunderts:

»Die königliche Karosse und die Kalesche der sie begleitenden Personen wurden von Eskorten Bewaffneter eskortiert, die die Farben des Prinzen Karl Ferdinand und zahlreicher Bischöfe und Senatoren trugen. Die offizielle Begrüßung fand am Hohen Tor statt, die auf den Stadtwällen aufgestellten Geschütze schossen Salut... In der Mitte der Langgasse war ein feierlicher Triumphbogen errichtet worden: Zwei gewaltige Statuen des Herkules und des Atlas trugen auf ihren Schultern das Danziger Panorama, und mit Hilfe eines geschickten Mechanismus

Der Stockturm

der in ihnen versteckten Personen grüßten sie die Gäste, in dem sie eine halbe Wendung machten. Ein großes Ereignis war der Auftritt der königlichen Oper, für die ein hölzernes Gebäude mit dreitausend Plätzen errichtet wurde... Kein Tag verging ohne ein öffentliches Schauspiel auf dem Langen Markt; einmal war es das Mastklettern, vorgeführt von geschickten Seeleuten, ein anderes Mal waren es derbe und aufregende Speerkämpfe der Fleischer. Die Kürschner tanzten einen mauretanischen Tanz, die Schiffszimmerer wirbelten ihre Äxte durch die Luft. Besonders beliebt waren auch große Feuerwerke, für die eigens pyrotechnische Maschinen konstruiert wurden.«

☞ **Beim Hohen Tor können Sie auch eine Stadtführung buchen. Biuro Czyune, PTTK oddziat Gdańsk, täglich 8-16 Uhr.**

Direkt gegenüber befindet sich das Vortor, bestehend aus dem Stockturm und der **Peinkammer**. Die Peinkammer diente jahrhundertelang als Folterkammer, der Stockturm als Gefängnis. Noch heute sind die Zellen zum Teil erhalten, allerdings gegenwärtig nicht zu besichtigen.

Die Strafen der damaligen Zeit waren drakonisch: Vor dem Stockturm wurden Enthauptungen und Verbrennungen vorgenommen, hier befand sich auch der Pranger. Auf dem Holzmarkt wurde bei entsprechenden Urteilen, von einem feierlichen Zeremoniell begleitet, ein Galgen aufgestellt. Die Haus- und Schiffszimmerer zogen mit Fahnen und Pfeifen auf und erbauten die Hinrichtungsstätte. Anschließend zog sich der Burggraf Handschuhe an, hieb dreimal mit dem Beil ins Holz des Galgens und ließ es dann stecken. Nach Aufstellung erhielt jedes beteiligte Gewerk ein Faß Bier. Die Scharfrichter waren stadtbekannte Persönlichkeiten.

Den Eingang zur Langgasse, der prachtvollen Hauptstraße des alten Danzigs, bildet das **Goldene Tor**, Brama Złota, auch **Langgasser Tor** genannt. Es wurde 1612 von Abraham von dem Blocke im Renaissancestil erbaut. Über dem Torbogen steht die Inschrift: »Es müsse wohl gehen denen, die Dich lieben. Es müsse Frieden sein inwendig in Deinen Mauern und Glück in Deinen Palästen«.

Noch zu Beginn des Jahrhunderts zwängte sich der ganze Verkehr der Altstadt durch das Langgasser Tor – die Straßenbahn und zuvor die Pferdebahn, Droschkenfuhrwerke, Radfahrer und Autos. Die Langgasse war eine der Hauptverkehrsstraßen des Stadtzentrums. In der Erdgeschossen der Häuser befanden sich Kaufhäuser und Cafés. In den Nachmittagsstunden mußte sogar ein Verkehrspolizist den starken Verkehr an der Kreuzung Langgasse/Wollwebergasse am Rathaus regulieren.

Die **Langgasse** und der anschließende Lange Markt bilden seit dem 14. Jahrhundert das Stadtzentrum. In der Blütezeit Danzigs ließen die wohlhabenden Bürger die eindrucksvollen Häuser bauen und von Künstlern ausschmücken, die wir heute – fast alle von den polnischen Restaurateuren nach dem Krieg wieder aufgebaut – hier finden. Baumeister waren die bekanntesten Architekten aus Deutschland, Holland und Flandern. Die Danziger Bürgerhäuser sind hoch und schmal mit rechtwinkligen Fenstern. Die vielfältigen Formen der Giebel und Dächer, die reichen Ornamente und der eindrucksvolle Stuck verleihen den Häusern ihre Individualität. Sie scheinen die Geschichte ihrer Besitzer zu erzählen, von ihrem Glauben, ihren Vorlieben, ihren Geschäften oder ihren Phantasien. Im Schmuck der Häuser ist der holländische und italienische Einfluß unverkennbar.

Im Haus Nr. 1 wohnte im 17. Jahrhundert der wohlhabende Kaufmann und Reeder Johann Hewel, der dem polnischen König Wladislaw III. elf Kriegsschiffe schenkte und den Grundstock für eine neue polnische Flotte im Kampf gegen die Schweden legte. Im Haus Nr. 2 lebte Gottfried Lengrich, Lehrer des letzten polnischen Königs und Verfasser eines polnischen Geschichtsbuchs. Daran schließen sich ein Antiquitätengeschäft und ein preiswertes Café an.

Beeindruckend ist das Haus Nr. 12, das Uphagen-Haus. Es wurde von Jan Benjamin Dreyer 1776 im Rokokostil geplant und gehörte Jan Uphagen, einem Danziger Stadtrat flämischer Herkunft.

Das Haus Nr. 28 ist das Ferbersche Haus. Die Familie Ferber hatte hier über mehrere Generationen ihren Wohnsitz. An der Vorderseite des Hauses sind Wappen aus Danzig, Preußen und Polen zu sehen.

Die Ferber waren das wohl bedeutendste Patriziergeschlecht Danzigs. Der Begründer der Familie, Eberhard Ferber, kam zu Beginn des 15. Jahrhunderts aus dem Rheinland und beschäftigte sich hier mit Holzhandel, wurde aber insbesondere durch den Wucher zu einem der reichsten Kaufleute der Stadt. In der Marienkirche errichtete er eine Familienkapelle, die Ferbersche Dreifaltigkeitskapelle. Sein Sohn Johann war lange Jahre Danzigs Bürgermeister. Einer seiner zehn Söhne, Eberhard Ferber, war von 1510 bis 1526 Bürgermeister. Auch er hatte aus drei Ehen zehn Söhne, von denen einer, Konstantin, von 1555 bis 1588 Bürgermeister wurde. Eberhard und Konstantin Ferber – die »Könige von Danzig« nannten sie die Bürger – residierten mit großem Pomp in ihrem Haus in der Langgasse. Konstantin Ferber fuhr eine sechsspännige Karosse, die goldene Bürgermeisterkette legte er kaum

Blick auf den Langen Markt und die Dächer des Rechtstädtischen Rathauses

ab, seine Frau trug die schönsten Kleider und den reichsten Schmuck. Die Empfänge im Ferberschen Haus setzten selbst den französischen Gesandten in Erstaunen, als er 1572 das Haus besuchte. Er bewunderte die reich geschmückten Danziger Möbel, die Gemälde bekannter Künstler, die große Bibliothek und das goldene und silberne Tafelgeschirr.

Holzhandel und Bankgeschäfte waren über zwei Jahrhunderte die Basis des Ferberschen Reichtums. Konstantin Ferber war gleichzeitig Bankier des polnischen und des schwedischen Königs wie auch des Preußenherzogs Albrecht. Die Familie gehörte zu den bedeutendsten Landbesitzern im Weichselland.

Der Reichtum Danziger Kaufmannsfamilien, wie der der Ferber, gründete auf einem ganz wesentlichen Privileg, das ihnen die polnischen Könige verliehen hatten. Sie allein durften im Hafen Handel mit Polen treiben und fast alle ausländischen Waren kamen über Danzig nach Polen. Lange Zeit hatten die Patrizier nahezu eine Monopolstellung.

Das Haus Nr. 29 in der Langgasse entstand 1647 und ist mit Köpfen römischer Kaiser ausgestattet. Als »Löwenschloß« wurde das Haus Nr. 35 bekannt, welches Baumeister Johann Kramer aus Dresden 1569

Langer Markt und Rechtstädtisches Rathaus

erbaute. Im festlichen Portal empfing der polnische König Władysław IV. häufig seine Gäste. Das Haus Nr. 47 ist das einzige Haus gotischen Ursprungs in der Gasse.

Das Rechtstädtische Rathaus

Den Mittelpunkt des »Königlichen Weges« vom Goldenen Tor zum Grünen Tor an der Mottlau bildete das **Rechtstädtische Rathaus**. Seine Architektur ist flandrischen Ursprungs. Das Rathaus wurde in mehreren Phasen zwischen 1378 und 1561 errichtet. Den Abschluß bildet der 82 m hohe Turm. Ein herrlicher Ausblick weit über die Danziger Altstadt hinaus lohnt die Mühe des Aufstiegs in jedem Fall. Das Glockenspiel des Turms wurde in Flandern gegossen. Heute spielt es jede Stunde einen Teil des patriotischen polnischen Liedes »Rota – Wir werden niemals unser Vaterland verlassen«. Über der Sonnenuhr aus dem Jahre 1589 trägt das majestätische Rathaus die Inschrift »Umbra sunt dies nostri – Unsere Tage sind nichts als Schatten«.

Das Eingangsportal zum Rathaus und der Treppenaufgang wurden 1768 von dem schwedischen Baumeister Daniel Eggert gebaut. Über dem Portal stehen zwei Löwen, die das Danziger Wappen halten. Ihre Köpfe sind dem Hohen Tor zugewandt. Heute beherbergt das Rechtstädtische Rathaus das Museum für Stadtgeschichte.

Über den Treppenaufgang gelangen Sie zunächst in die repräsentative Hauptdiele, die während des Krieges fast vollständig zerstört wurde. An der Decke zeigt ein Gemälde den Einzug des polnischen Königs Jan III. Sobieski in Danzig im Jahr 1677. Besondere Beachtung verdient die spiralenförmige Holztreppe, die zum Obergeschoß führt. Sie ist auf einem ca. 7,5 m hohen Eichenschaft gesetzt, dessen Abschluß die Statue der griechischen Göttin Pallas Athena bildet. Zur Treppe gehört ein steinernes, künstlerisch geschmücktes Gitter aus dem Jahr 1600. Von der Hauptdiele aus gelangt man in die beiden wichtigsten Räume des Rathauses, den großen Ratssaal, auch Roter Saal genannt, und die große Wettstube, auch Weißer Saal genannt.

Der Rote Saal: Die ursprüngliche Ausstattung dieses großen Rathaussaales, auch Sommerratsaal genannt, ist nahezu vollständig erhalten geblieben, da er bereits 1943 von deutschen Konservatoren demontiert und in die Umgebung von Danzig gebracht wurde. Roter Saal wurde er genannt, weil seine Wände mit rotem Samt bespannt waren. Gegenüber dem Eingang steht ein geschmückter Sandsteinkamin aus dem Jahr

Folgende Doppelseite: Roter Saal im Rechtstädtischen Rathaus

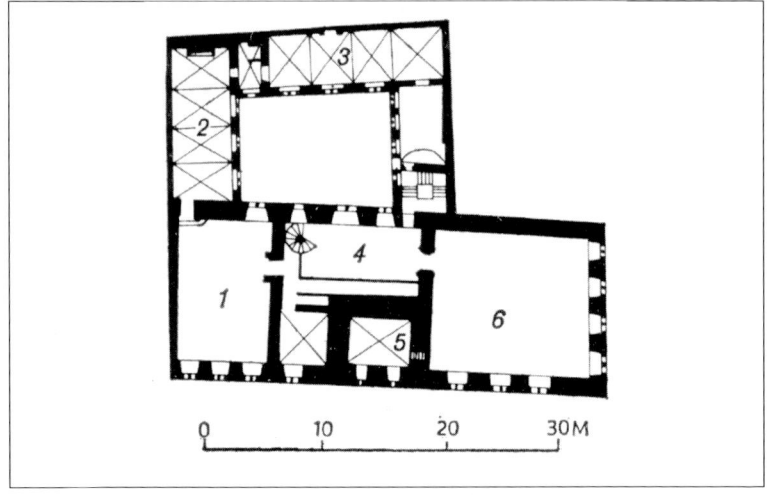

Rechtstädtisches Rathaus: (1) Roter Saal, (2) Winter-Ratsstube, (3) Kleine Wettstube, (4) Vorhalle, (5) Christoph-Saal, (6) Weißer Saal

1593, der von dem niederländischem Bildhauer Willem van der Meer geschaffen wurde und nur zu Dekorationszwecken diente. Auf den Sockeln der Wände saßen früher die Ratsherren. Gleichzeitig dienten die Bänke auch als Aktenschränke. Die Wandbilder sind von dem niederländischen Maler Hans Vredeman de Vries geschaffen.

Besonders beeindruckend sind die Gewölbemalereien: 25 Bilder von Isaak van dem Block aus den Jahren 1606–1608. Die Bilder stellen Szenen aus der antiken, mythologischen und biblischen Welt wie auch der Danziger Geschichte dar.

Vom Roten Saal gehen wir in den Kleinen Ratsaal, auch Winterratsstube genannt, der als Sitzungssaal und als Arbeitszimmer des Bürgermeisters diente. Auch hier befanden sich früher Gemälde von Isaak van dem Block. Es ist jedoch nur eines erhalten geblieben. Der Kaminsaal, die Kleine Wettstube diente in der Vergangenheit dem Wettgericht, das sich hauptsächlich mit der Durchführung von Anordnungen und Vorschriften der Stadtverwaltung sowie der Vollstreckung der Gerichtsurteile befaßte. Ein kleiner Raum, der ins Treppenhaus übergeht, enthält Danziger Möbel aus dem 19. Jahrhundert.

Den Weißen Saal, die Große Wettstube, betreten wir durch ein schönes Renaissanceportal aus dem 16. Jahrhundert. Dieser Saal diente als Gerichtssaal, Versammlungsraum der Dritten Ordnung und königlicher

Audienzsaal. Hier wurden auch feierlich die Bürgerrechte verliehen. Heute dient der Weiße Saal festlichen Anlässen und Veranstaltungen. Über ein altes Treppenhaus gelangen wir in das zweite Geschoß, in dem sich Räume des Archivs und der Stadtkanzlei befanden. Der Saal der Stadtkasse, die sogenannte Kämmerei, verdient besondere Beachtung. Beim Umbau des Rathauses im 16. und 17. Jahrhundert erhielt die Kämmerei eine neue Ausstattung. Wandteppiche, Danziger Möbel und große Gemälde mit Szenen von Isaak van dem Blocke schmückten den Raum. Nur drei Bilder überstanden freilich die Kriegszerstörungen, darunter das bekannte Gemälde von Anton Möller, »Der Zinsgroschen«, das die biblische Szene vor dem Hintergrund des Langen Marktes und der Langgasse zeigt. Interessante Danziger Möbel aus dem 17. und 18. Jahrhundert wurden nach dem Wiederaufbau des Rathauses hier untergebracht. Der angrenzende Raum diente zeitweilig als Schatzkammer und im 20. Jahrhundert als Arbeitszimmer des Bürgermeisters. Jetzt befindet sich hier eine Ausstellung über die Geschichte des Danziger Münzwesens.

Von dort gelangen Sie in die sog. obere Diele und zum Eingang des »Meeressaales«, in dem die maritime Tradition der Stadt gewürdigt wird. Im dritten Geschoß, der Dachkammer, erhalten Sie interessante Einblicke in die jüngste Geschichte, insbesondere auch in die Zerstörungen des Krieges und in den Wiederaufbau nach 1945.

☞ **Muzeum Historii Miasta Gdańska (Museum der Geschichte Danzigs). Rechtstädtisches Rathaus, ul. Długa 47, Tel.: 316191, geöffnet: Di 10-15.30, Do 10-16, Sa 14-17.30, So 11-15.30, Mo, Mi, Fr geschlossen.**

Der lange Markt und der Artushof

Wir kommen nunmehr in den repräsentativen Mittelpunkt Danzigs, den Langen Markt, Długi Targ. Dieser ist in seiner baulichen Vielfalt und Eleganz sicher einer der schönsten Plätze Europas, durchaus mit dem Markusplatz in Venedig oder dem Großen Markt in Brüssel vergleichbar. Die alten Bürgerhäuser mit ihren Portalen und Giebeln sind Zeugnisse der künstlerischen Leistungen der Architekten und Baumeister des 15.-18. Jahrhunderts, genauso aber auch der polnischen Architekten und Restaurateure, die in den fünfziger Jahren diesen nahezu vollständig zerstörten Komplex historischer Gebäude nach den alten Vorbildern neu errichteten.

Der Artushof, Dwór Artusa, in unmittelbarer Nachbarschaft des Rathauses, war der Mittelpunkt des gesellschaftlichen Lebens im 16. und 17. Jahrhundert. Erbaut wurde das mit seiner Renaissancefassade hervorstechende Bauwerk zwischen 1477 und 1481, nachdem der alte Artushof 1476 nach einem Zechgelage abgebrannt war. Das jetzige Aussehen erhielt er 1552. Das gotische Gebäude wurde gewissermaßen mit einer Renaissancehaut überzogen. In besonderer Pracht glänzt das Innere. Das gotische Sterngewölbe wird nur von vier Granitsäulen getragen. Der große Saal ist mit reich geschnitzten Holzvertäfelungen prachtvoll ausgestattet. Zahlreiche Gemälde, Kunstwerke und Plastiken erinnern an die Geschichte der Stadt oder auch an biblische Ereignisse. Hervorstechend ist der 12 Meter hohe, bis zur Decke reichende Kachelofen aus handgemalten Fayencekacheln. Schon bald wird der im Krieg weitgehend zerstörte Kachelofen und mit ihm der prächtige Innensaal als neues Meisterwerk polnischer Restaurationskunst der Öffentlichkeit wieder zugänglich sein. Nach Abschluß der Restaurationsarbeiten, rechtzeitig zum 1000 jährigen Jubiläum der Stadt 1997, soll der Artushof zu einem neuen Zentrum der Kultur für alle Danziger Bürger werden.

Der Artushof, früher auch Junkerhof genannt, war Versammlungsort und Trinkhalle der Patrizier und reichen Kaufleute, aus denen sich die sogenannten »Artusbruderschaften« entwickelten. Der Name geht auf den sagenumwobenen König Artus und seine Tafelrunden zurück. Festmahle, Bälle und Konzerte der Patrizier wurden hier veranstaltet, das gemeine Volk hatte freilich keinen Zugang. Oft ging es sehr bierselig zu, wie einer Beschreibung des französischen Legationsrates Charles Ogier aus dem Jahr 1635 zu entnehmen ist:

»Da gibt es nichts als beständiges und unermüdliches Trinken, aber nicht das mindeste zu essen. Dazu ist vor alter Zeit eine Brüderschaft gestiftet worden, und wer in dieselbe aufgenommen und eingeschrieben werden will, zahlt für die Aufnahme und den Eintritt einen Reichstaler. Nach einmaliger Erledigung dieses Beitrags hat man dann das Recht, sich täglich, wenns beliebt, in diesem Gebäude einzufinden und den ganzen Tag, auch die Nacht hindurch, wenn man nicht vom Platz weichen will, Bier zu trinken, welches einer dem andern zutrinkt. Zur Beaufsichtigung und Bedienung sind in diesem Bacchustempel Aufwärter angestellt, die gleich den Kirchendienern, in leinenen Gewändern einhergehen, Leute von ernstem Ansehen, gefälliger Mine und mit breitem Barte, welche die silbernen Humpen nach Art der Danaiden füllen; denn sie werden sofort wieder geleert.«

Rechts: Der Artushof, im Vordergrund der Neptunbrunnen

Der Giebel des »Goldenen Hauses«

Im Laufe der Zeit entwickelte sich hier eine besondere Sitzordnung, nach Nationalität oder Vermögen und Ansehen, einzelne Gruppen entstanden. Jeder dieser Gruppen gehörten ein Vogt und ein Schreiber an. Zeitweilig wurde im Artushof auch Gericht gehalten. Von 1742 bis zum Beginn des zwanzigsten Jahrhunderts fand hier auch die Börse statt.

Vor dem Eingang des Artushofs steht der berühmte **Neptunsbrunnen**, 1633 von einem Augsburger Glockengießer erbaut. Der den Dreizack schwingende Meeresgott Neptun wird von kunstvoll geschmiedeten Eisengittern eingerahmt, der Adler glitzert in Gold. Hier pulsiert heute wie in früheren Jahrhunderten das Leben der Stadt.

Auf der gegenüberliegenden Seite residierten in den sogenannten Sächsischen Häusern oft die polnischen Könige, wenn sie nach Danzig kamen. Eine Burg nämlich oder ein Königsschloß gab es in dem immer auf seine Unabhängigkeit bedachten Danzig nicht mehr, seit die Einwohner die Burg der Ordensritter zerstört hatten. So wurde den Königen, wenn sie die Stadt aufsuchten, Bürgerhäuser zugewiesen. Offizielles Wohnquartier der polnischen Könige war lange Zeit auch das Grüne Tor.

Das schönste Patrizierhaus auf dem Langen Markt ist zweifellos das **Steffensche Haus**, auch das Goldene Haus genannt. Es wurde zwischen

1609 und 1617 im italienischen Renaissancestil errichtet. Sein erster Besitzer, der Ritter Hans Speymann, ließ die Fassade durch den Bildhauer und Steinmetz Hans Voigt mit vergoldeten Skulpturen schmükken. Vier Statuen krönen die oberste Balustrade des vierstöckigen Bauwerks. Die vertikale Gliederung der Fassade wird durch Figuren, die antike Mythen darstellen, verstärkt. Der Verzicht auf den sonst üblichen spitzen Giebel zugunsten einer Attika, hinter der das Walmdach erscheint, unterscheidet das Steffensche Haus von allen anderen Wohnhäusern auf dem Langen Markt, läßt aber gewisse Ähnlichkeiten zum Artushof anklingen.

Johann Speimann gehörte einer alten Danziger Patrizierfamilie an und war ein bedeutender Förderer der Künste. Auf einer seiner vielen ausgedehnten Italienreisen wurde er 1593 vom Papst Clemens VIII. zum goldenen Ritter ernannt. In seinem Testament bestimmte Bürgermeister Johann Speimann 1625, das dieses Haus immer der älteste Nachkomme erben solle und eine Vermietung verboten sei. Einmal im Monat sollten Rüstkammer und Bibliothek des Hauses dem allgemeinen Besuch geöffnet werden. Dem jeweiligen Besitzer des Hauses wurde die Verpflichtung auferlegt, einen befähigten Mann aus der eigenen Familie oder, wenn es den nicht gab, einen Danziger Bürgersohn lutherischer Religion mit einem jährlichen Stipendium zu fördern.

Das **Grüne Tor**, Brama Zielona, begrenzt den Langen Markt zur Mottlau hin. Es erstreckt sich über die ganze Breite des Langen Marktes und bildet den Gegenpol zum Langgasser Tor am anderen Ende. Den Namen trägt es aufgrund der ursprünglichen grünen Sandsteinbemalung. Das 1568 von Hans Kramer im typisch flandrischen Renaissancestil errichtete Tor diente vor allem als Festhalle und zur Übernachtung der Könige. Lange Zeit waren hier auch die Stadtwaage sowie eine prähistorische und naturkundliche Sammlung untergebracht. Heute arbeiten in den Werkstätten des Ober- und Dachgeschosses die weltberühmten polnischen Restaurateure, die weiterhin das alte Danzig vervollkommnen. »Denkmäler sind für jedes Volk die wichtigsten Zeugen der Vergangenheit, der Kulturgeschichte, und für die Polen ist Zukunft stets auch die Vergangenheit«, sagt ein Experte von PKZ, der Organisation, die im ganzen Land mehr als 10.000 Restaurateure beschäftigt und die viele Aufträge in ganz Europa ausführt. Das wiederaufgebaute Danzig selbst ist zu einem Kulturdenkmal geworden, an dessen Verschönerung ständig gearbeitet wird. Der Lange Markt ist ein herausragendes Zeugnis. Er ist wieder zu einem eindrucksvollen Beleg der Geschlossenheit des alten Danziger Stadtbilds geworden. Die verschiedenen Stilarten, über Jahrhunderte gewachsen und immer wieder variiert, gehen harmonisch ineinander über und setzen sich in den angrenzenden, parallel verlaufenden Altstadtgassen fort.

Charakteristisch für Danzig sind die terrassenförmigen Ausbildungen vor den meisten Gebäuden des Langen Marktes, die sog »**Beischläge**«. Ende des 16. Jahrhunderts bürgerten sich solche Vorbauten, »wunderliche Propyläen«, in Danzig ein. Besonders in den warmen Jahreszeiten spielte sich auf den terrassenförmigen Beischlägen – »was einem aufgeschlagenen Haus nebenbei geschlagen wird«, wie es früher hieß – ein großer Teil des Alltagslebens seiner Bewohner ab. Sie dienten als Ruhe- und Plauderecken, als Tafelplatz mit den Gästen oder auch als Spielplatz für die Kinder.

Johanna Schopenhauer gibt in ihren Lebenserinnerungen ein anschauliches Bild: »Und welch einen Spielplatz bot in meiner Jugendzeit der Beischlag den Kindern! So sicher! So bequem! Dicht unter den Augen der oben am Fenster nähenden und strickenden Mutter, die zuweilen es nicht verschmähte, mitten unter ihnen des milden Abends zu genießen. Bei leidlichem Wetter brachten wir mit unseren Gespielen alle unsere Freistunden in diesem Asyl zu, das noch den unschätzbaren Vorzug besaß, daß wir unseres lärmenden Treibens wegen weniger gescholten wurden, weil es hier bei weitem nicht so lästig wurde als im Hause selbst.«

Unter den Beischlägen befanden und befinden sich noch heute Werkstätten, Geschäfte und Lager. Eine wichtige Funktion dieser Beischläge war es gerade, die Geschäftsräume zur Straße hin zu erweitern.

Durch das Tor gelangen wir zur Mottlau. Von der Grünen Brücke breitet sich vor uns das beeindruckende und unverwechselbare Panorama der Mottlau und des alten Hafens auf der linken Seite aus. Nicht nur die Langgasse und der Lange Markt, sondern alle Hauptgassen der Głównego Miasta führen zur Mottlau. Das ganze alte Stadtbild sowohl der Rechtstadt als auch der Altstadt war auf den Hafen als Zentrum ausgerichtet. Den Ausgang der Hauptstraßen bilden Torbauten, die vor langer Zeit als Befestigung dienten: vom Grünen Tor über das Brodbänkentor, das Frauentor, das Heiliggeisttor, das imposante Krantor bis hin zum Johannistor und zum Häkertor.

Rechts: Blick durch das Grüne Tor auf den Langen Markt
Folgende Doppelseite: Lange Brücke

Auf der gegenüberliegenden Seite der Mottlau befindet sich die **Speicherinsel**, auf der vor dem Krieg 175 Speicher standen. Im 17. Jahrhundert, zur Hochblüte des alten Danziger Hafens, waren es sogar fast 300 Speicher.

An der Mottlau ankerten damals Schiffe aus allen Teilen der Welt. Auf der linken Seite der Mottlau wurde der Handel abgewickelt, auf der anderen hingegen die Handelsgüter gelagert. Haupthandelsgut war Getreide. Jahrhundertelang hatte Danzig eine Monopolstellung im Getreidehandel Polens.

Hans Lewald gibt eine plastische Schilderung der Bedeutung der Speicherinsel für den Danziger Hafen:

»In ihrer ganzen Länge wurde die Speicherinsel von der Hopfengasse durchzogen. Ein Verbindungsgleis vom Güterbahnhof am Thornschenweg zog sich hier entlang. Durch Drehscheiben wurden die von West nach Ost verlaufenden Seitengassen mit ihm verbunden. 1884 war diese Verbindung von der Korporation der Danziger Kaufmannschaft angeregt worden. Wegen Feuergefahr durften Güterwagen aber nicht von Lokomotiven bewegt werden, sondern sie wurden gruppenweise von Pferden, in der Regel von einem Vierergespann, zu ihren Speichern gezogen. Wenn ein solcher Transport unterwegs war und die Milchkannengasse, die Verbindung zwischen Rechtsstadt und Niederstadt, passierte, stockte der Durchgangsverkehr.
Die berechtigte Furcht vor Feuergefahr, zu dem sich die Sorge des militärischen Schutzes gesellte, hatte das Speichergelände überhaupt erst zu einer Insel gemacht. 1576 wurde eine natürliche Bodensenke dazu benutzt, einen neuen Arm der Mottlau herumzuleiten. Bis in das vorige Jahrhundert hinein war es strenger Brauch, die Speicherinsel bei Einbruch der Dunkelheit hermetisch abzuschließen und scharf abgerichtete Bluthunde durch die Gassen schwärmen zu lassen. Doch gab es weder in Friedens- noch Kriegszeiten einen vollkommenen Schutz. Aus begreiflichen Gründen war die Speicherinsel bei Belagerungen eines der wesentlichsten artilleristischen Ziele, am meisten wohl während der fast einjährigen Belagerung vom Februar 1813 bis zum Januar 1814.«

Über die Grüne Brücke hinüber führt die Verlängerung des Langen Marktes zum Milchkannentor in die Niederstadt. Es steht dort seit Mitte des 16. Jahrhunderts und war ursprünglich Teil der Stadtbefestigung. Heute zwängt sich an ihm der Hauptverkehr von Gdańsk nach Elbing und auch nach Warschau vorbei.

Alte Speicher an der Mottlau

Wir setzen den Weg am linken Ufer auf der berühmten Promenade der Mottlau, der **Langen Brücke**, Długie Pobrzeże, fort. Direkt hinter der Grünen Brücke befindet sich die Schiffsanlegestelle für Hafenrundfahrten. Von hier aus können Sie Fahrten zur Westerplatte, nach Sopot und Gdynia, sowie zur Halbinsel Hel unternehmen. Das erste Tor eröffnet uns den Blick zur Brodbänkengasse, der ul. Chlebnicka, die in die ul. Piwna, die Brauereigasse übergeht. Früher hieß sie auch Jopengasse nach dem bekannten »Jopenbier«. Bis zum Zeughaus führen uns diese beiden Gassen, die durch Häusergruppen mit Beischlägen und Brüstungen, ausgestattet mit wasserspeienden Tierköpfen, an beiden Seiten eingerahmt wird.

Seit dem 14. Jahrhundert war die ul. Chlebnicka die Straße der Bäcker, denen eine Verordnung des Rats die Erlaubnis gab, hier ihre Brotbänke zum Verkauf ihrer Erzeugnisse aufzustellen. Jede Bank gehörte einem Meister, der sie weitervererbte oder auch verkaufen konnte, für die er freilich auch einen Zins an den Rat entrichten mußte.

Folgende Doppelseite: Krantor, Mottlau, Schiffahrtsmuseum

Besonders auffallend ist das Haus Nr. 16, das sogenannte Englische Haus. Zwischen 1569 und 1570 wurde es nach den Plänen von Johann Kramer aus Dresden errichtet. Johann Kramer zählt zu den einflußreichsten Baumeistern Danzigs. 1566 übertrug ihm der Rat die Oberaufsicht über alle Bauten in der Stadt und alle Baumeister, Steinmetze und Maurer mußten eine von ihm entworfene Bauordnung einhalten. Zur damaligen Zeit war das **Englische Haus** mit acht Stockwerken das höchste Gebäude in der Stadt. Es ist mit seiner Sechs-Fenster-Front auch breiter als die typischen Danziger Häuser. Je ein Giebel ist zur Straße und zum Hof gebaut und zu jedem Nachbarhaus an den Seiten befindet ein weiterer Giebel. Über diesen vier Giebeln bildet ein zierlicher Dachreiter die Spitze. Den Namen trägt das Haus, weil hier im 18. Jahrhundert eine Gastwirtschaft »Englisches Haus« betrieben wurde.

Schon von der Brodbänkengasse aus hat man stellenweise einen Blick auf den monumentalen Bau der Marienkirche. Die ul. Piwna verläuft direkt am Gotteshaus vorbei. Die Prunkfassade des Zeughauses, das von dieser Seite schöner gestaltet ist als von der Seite des Kohlenmarktes, jedoch nie ganz zu sehen ist, bildet den Abschluß dieser Straße.

Unser Weg führt aber weiter an der Langenbrücke entlang zum nächsten Tor, dem Brama Mariacka, **Marientor**. Durch das Tor haben wir einen herrlichen Blick auf die wohl bekannteste und beeindruckenste Danziger Gasse, die ulica Mariacka (Mariengasse). Früher hieß sie **Frauengasse**. Zwischen 1956 und 1960 wurde die völlig zerstörte Gasse wiederaufgebaut. Jedes Haus ist mit einem Beischlag ausgestattet und mit Stuck und Ornamenten verziert. Charakteristische, bei starkem Regen Wasser speiende Tier- und Menschenköpfe schmücken die Vorbauten. In den Kellergeschossen befinden sich kleine Geschäfte mit auserlesenem Silber- und Bernsteinschmuck oder Lederwaren.

Besondere Beachtung verdient das Haus Nr. 1 mit einer Backsteinfassade und wiederhergestelltem Steintreppenaufgang mit Seitengeländern. Die manieristische Fassade des Hauses Nr. 6 stammt aus dem Jahr 1600.

Rechts: Blick in die Mariengasse

Die Legende über den obdachlosen Riesen

Während die Bauarbeiter den Turm der Marienkirche auf die letzte Höhe brachten, begannen sie darüber nachzudenken, welche Verzierung er bekommen solle. Ein Riese – der letzte der Welt – sah den Turm von weitem und hielt ihn für einen bequemen Hocker. Also eilte er nach Danzig und setzte sich auf den Turm. Die Einwohner gerieten in Panik. Nur ein Bauarbeiter war ohne Furcht und führte ein Gespräch mit ihm. Der Koloß sagte, er sei mit guten Absichten gekommen. Um das zu beweisen, nahm er Spielzeug aus der Hosentasche, riesige Puppen und steinerne Bälle, die er für die Kinder der Menschen mitgebracht hatte. Der Bauarbeiter erklärte ihm, daß die Menschenkinder viel kleiner als die Riesenkinder seien. Er schlug ihm vor, die Wohnhäuser der Einwohner damit zu schmücken. Und daher stammen die Steingöttinnen, Löwen und Adler auf den Giebeln der Danziger Häuser sowie die Kugeln auf den Beischlägen. Als Erinnerung an diesen Besuch blieb der Marienturm unvollendet.

Marienkirche

Die Gasse führt direkt zur Marienkirche, der größten gotischen Kirche Polens. Sie ist 105 m lang, 68 m breit, die Gewölbe sind 29 m hoch. 25.000 Menschen kann sie leicht aufnehmen. Die Besteigung des 78 m hohen Turmes verschafft Besuchern einen wunderschönen Blick über Danzig, die Altstadt und die Mottlau, die Danziger Werft (frühere Lenin-Werft) mit ihren wuchtigen Kränen und am Horizont die Ostseeküste. Der Aufstieg ist beschwerlich, doch der Blick lohnt die Mühe.

Generationen von Architekten und Künstlern haben an diesem monumentalen Bauwerk, das mitten in die parallel verlaufenden alten Gassen hingestellt wurde, gearbeitet. 159 Jahre wurden benötigt, bis 1502 das letzte Gewölbe fertiggestellt war. Die Ordensritter begannen mit dem Bau, unter dem Patronat des polnischen Königs wurde er fertiggestellt. Als Danzig 1557 vom König das Religionsprivileg erhielt und beinahe alle Kirchen evangelisch wurden, blieb dem katholischen Geistlichen

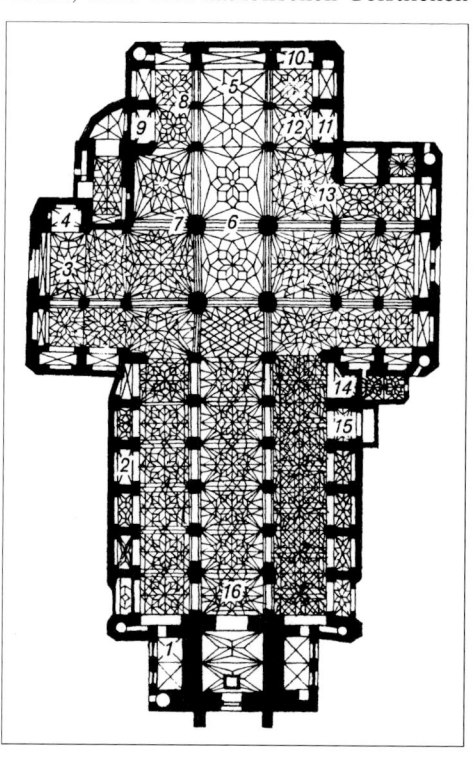

Grundriß Marienkirche
(1) Reinholdskapelle, Triptychon »Das jüngste Gericht«, (2) St.-Anna-Kapelle, (3) Grabmal Simon u. Judyt Bahr, (4) Heilig-Kreuz-Kapelle, Astronomische Uhr, (5) Hochaltar, (6) Kreuzigungsgruppe, (7) Sakramentarium, (8) Epitaph Anny Loys, (9) Portal zur Sakristei, (10) Epitaph Michała Loysa, (11) Kapelle der Elftausend Jungfrauen, (12) Kreuz (13) Epitaph Edwarda Blemke, (14) Priesterkapelle, (15) Epitaph Brandesów, (16) Orgel

Folgende Doppelseite:
Marienkirche

der Hochaltar zunächst überlassen, während am gegenüberliegenden Nikolausaltar evangelischer Gottesdienst gehalten wurde. Im Inneren der Marienkirche befinden sich viele, zum Teil erhalten gebliebene, gotische Skulpturen, so die »Schöne Madonna« (1410) und das Kruzifix, das Grabmal der Familie Bahr, einer reichen Patrizierfamilie, das 1620 von Abraham von dem Blocke gestaltet wurde. Der Hochaltar wurde 1515–1517 von Michael von Augsburg geschaffen. Die wohlhabendsten Zünfte statteten die Kirche mit Altären und Kapellen aus. Grabsteine und Grabplatten einflußreicher Patrizier, unzählige Skulpturen und Bilder schmückten das Innere der Kirche. Auch das erbeutete Triptychon Hans Memlings »Das Jüngste Gericht« hatte hier einen Ehrenplatz. Im Nordschiff der Kirche befindet sich die berühmte Astronomische Uhr, die im 15. Jahrhundert von Hans Düring gefertigt wurde. Zu jeder vollen Stunde treten Apostelfiguren aus der Uhr hervor. Die neue große Orgel der Marienkirche ist eine gemeinsame Stiftung vieler Bürger aus der Bundesrepublik und Polen. Auf Initiative Bremer Bürger 1987 eingebaut, ist diese Orgel ein weiteres Meisterwerk polnischer Restauratorenkunst und ein Dokument der Völkerverständigung dazu.

Wir führen unseren Rundgang fort in Richtung ul. św. Ducha, der Heiliggeistgasse und kommen am Pfarrhaus vorbei zur Königlichen Kapelle, deren Barockfassade von Andreas Schlüter stammt.

Die **Königliche Kapelle** ist die kleinste unter den vier Pfarrkirchen Danzigs, die vor dem Krieg bestanden. Sie wurde 1681 von König Sobieski gestiftet. Im Jahr 1677 kam der König, begleitet vom Erzbischof von Gnesen, nach Danzig, um einen Streit zwischen Rat und Bürgerschaft zu schlichten. Damals lernte er so recht die Not der Danziger Katholiken kennen. Zwar gab es noch immer einen katholischen Pfarrer von Danzig auf dem Pfarrhofe, aber seitdem durch die Reformation die Hauptkirche der Stadt in die Hände von Protestanten gekommen war, besaß er keine eigene Pfarrkirche mehr. Mehrfach hatte das Gericht in Warschau den Katholiken den Besitz der Kirche zugesprochen. Aber dabei blieb es. Und so mußten die Katholiken den Gottesdienst in einem engen Zimmer des Pfarrhauses besuchen, wo kaum 30 Leute Platz fanden. Als Ersatz stiftete der König auf dem Pfarrhof die kleine Kapelle, die 1681 fertiggestellt, aber erst 1683 eingesegnet wurde. Die neue Kirche, deren äußeres Bild mit den drei Kuppeln eine kleine Erinnerung an die Peterskirche in Rom wachruft, erhielt im Volksmund bald den Namen »Königliche Kapelle«, und auf den Stifter weist auch der polnische Adler hin, der unter dem Dachge-

Ausschnitt aus dem Altargemälde von Hans Memeling »Das jüngste Gericht«

Typische Beischläge in einer Danziger Gasse

sims an der Nordfront seine Schwingen breitet. Die Königliche Kapelle wurde der Verwaltung des Pfarrers von Danzig, d.h. von St. Marien unterstellt und galt als Ersatz der verlorenen Pfarrkirche für die Mariengemeinde. Bis 1840 blieb sie die einzige »Pfarr«kirche in Danzig, dann wurden die bisherigen Klosterkirchen St. Joseph, St. Nicolai und St. Brigitten zu Pfarrkirchen erklärt.

Von der Königlichen Kapelle gehen wir zurück zur Langen Brücke durch die Heiliggeistgasse. Im Haus Nr. 81, dem sogenannten »Schildkrötenhaus« (erbaut 1650) ist die Schriftstellerin **Johanna Schopenhauer** geboren. Ihr Buch »Jugendleben und Wanderbilder« enthält eine beeindruckende Schilderung des Danziger Lebens im ausgehenden 18. Jahrhundert. Die Familie Schopenhauer war von republikanischer Gesinnung geprägt und von der Französischen Revolution beeinflußt. Als 1793 die Preußen Danzig eroberten, verließ sie für immer die Stadt. Das Geburtshaus ihres Sohnes, des Philosophen Arthur Schopenhauer (»Die Welt als Wille und Vorstellung«), befindet sich einige Häuser weiter in der Nr. 114. Das Haus Nr. 82 ist das Schiffergildenhaus.

Johanna Schopenhauer: Kindheitserinnerungen

Johanna Schopenhauer

»Schon der Name deutet an, daß das Schiffergildenhaus das Eigentum der damals sehr bedeutenden Gilde der Danziger Schiffer war. Dort kamen sie in den sich vorbehaltenen Räumen zusammen, um sich über die Angelegenheit ihrer Korporation zu beraten, oder auch um auf allgemeine Kosten und zum allgemeinen Besten es sich bei Tische wohl sein zu lassen.
Bunte Wimpel und Flaggen neben einer weißen, mit dem Danziger Wappen bemalten, groß wie ein Segel, flatterten dann vom Beischlag herab und verkündeten der Nachbarschaft die Feier des Tages. Die übrigen Räume des weitläufigen, winkligen Gebäudes blieben dem Gastwirt überlassen, der nicht nur für den geschicktesten Koch in Danzig galt, sondern sogar einer übereuropäischen Berühmtheit sich erfreute. Seine winzig kleinen eingemachten Glasgurken gingen unter der Flagge seiner Beschützer in alle Welt, und von seinen kolossalen Baumkuchen wurden sogar große Sendungen bis nach Amerika verladen.
Freundlicher, ewig heiserer Herr Nachbar Bergmann, leicht sei Dir die Erde; dankbar gedenke ich deiner, denn in der glühenden Hitze Deines Küchenherdes hast Du auch Deiner kleinen Nachbarin gedacht; mit manchem Gläschen süßen Gelees, manchem Tellerchen köstlichen Backwerks, die du durch Adam mir übersandtest, erfreutest Du bei solchen Gelegenheiten mein kindliches Gemüt. Dafür sei denn in diesen Blättern deinem Namen ein ewiges Denkmal gestiftet, soweit nämlich in unseren Tagen eine solche papierne Ewigkeit reichen kann.«

*Die Lange Gasse im 18. Jahrhundert
gesehen von Daniel Chodowiecki*

Der Lachs

In der Nähe des Krantors in der ul. Szeroka Nr. 51 (Breite Gasse) befindet sich das bekannteste Restaurant der Stadt »Pod łososiem«, der Lachs. Der Holländer Ambrosius Vermöllen gründete 1598 das Restaurant und die im Keller gelegene Likörfabrik, in der das berühmte »Danziger Goldwasser« und viele andere Schnäpse und Liköre hergestellt wurden – Cordial, Kalmuß, Ratafia, Cordamon, Kurfürst, Nägelcken, Steinbrech, Krambambuli. Auch den »Lillien Komfalgen« stellte Vermöllen her. Hauptbestandteil dieses Getränks waren Maiglöckchen, die im Mai in solchen Mengen in der Breiten Gasse verarbeitet wurden, daß man den Duft schon von weitem riechen konnte.

Danzig war nicht nur die Stadt der guten Biere, sondern auch durch seine Branntweine weltbekannt. Zeitweilig brannten die Schnapsbrennereien soviel, daß das Holz knapp wurde. Der Lachs war jahrhundertelang die bekannteste Likörfabrik und ein feines Restaurant dazu. Hier traf man sich nach erfolgreichem Geschäftsabschluß, hierhin lud man die auswärtigen Gäste ein. In den alten und schön eingerichteten Räumen wurden früher 30 Likörsorten ausgeschenkt, darunter neben dem Danziger Goldwasser auch der »Kurfürstliche Magenbitter« sowie der berühmte »Machandel«, ein seit 1776 von der Firma Stobbel hergestellter Wacholderschnaps, der schon an der originellen Form der Flasche

Blick auf die Heilig-Geist-Gasse und die Rückseite des Krantors

leicht zu erkennen war und den man auch aus ebenso geformten Gläsern trank. Der Machandel war das wahre »Danziger Nationalgetränk«, das in allen Kneipen ausgeschenkt wurde
Ebenso berühmt wie der Machandel ist das Danziger Goldwasser. Das Rezept für das legendäre »Danziger Goldwasser« stammt aus dem Jahre 1606. Nach dem Krieg nahmen die Besitzer es mit in die Bundesrepublik, so daß Sie heute im Lachs selbst nicht mehr den traditionsreichen Schnaps genießen können. Goldwasser ist ein Anisschnaps, dem unter anderem Kalmuswurzel, Enzianwurzel, Pfefferkraut, Grindkraut, Ginsterbeeren, Baldrianwurzel, Weinraute, Kurkuma, Sandel- und Rosenholz zugesetzt werden. Eine ganz besondere Note erhielt der Likör durch die darin auf- und niederschwebenden hauchzarten Stücke Rauchgold. Einer Legende zufolge brachte Neptun Ambrosius Vermöllen auf die Rezeptidee. Eines Tages nämlich sprühte aus dem Neptunbrunnen Wein statt Wasser. Die von dem Anblick erheiterten Bürger warfen goldene Taler in den Brunnen. Als sie die wieder herauszufischen versuchten, verschütteten sie Wein auf den Bürgersteig. Herr Ambrosius sah empört diese Verschwendung und bat Neptun um Intervention. Dieser stieg von seinem Fundament hinunter und mischte die

*Die Lange Brücke und das Krantor
Postkarte um 1900*

Goldtaler mit dem Wein. Ein paar Tropfen dieser Mischung spritzen auf die Lippen von Ambrosius Vermöllen. Ihm gefiel diese Mischung ausgezeichnet. Seither serviert man im Lachs das geheimnisvolle Getränk mit den darin schwimmenden Goldblättern.

Das Krantor

Durch das Heiliggeisttor gelangen wir wieder an das Ufer der Mottlau. Nur wenige Meter nach links sind es bis zum Krantor, einem der bekanntesten Wahrzeichen Danzigs mit den backsteinernen Rundtürmen und der dazwischen liegenden Hebekonstruktion aus Holz.

Das Krantor, das zugleich auch als Wehrtor diente, wurde in seiner heutigen Form 1444 errichtet. Bereits vorher stand dort ein hölzerner Kranbau, der aber durch einen Brand zerstört wurde. Der Kranbalken erreicht eine Höhe von 27 m, die Rundmauern sind massiv und bis zu 4 m dick, um ein Gegengewicht zu bilden. Seine wichtigste Funktion war das Heben schwerer Lasten, aber auch das Einsetzen hoher Schiffsmasten. Die Treträder im Inneren wurden von Sträflingen aus dem Stockturm bewegt.»Ein Tretradpaar mit einem Durchmesser von sechseinhalb Metern bewegte diese Last, ein kleineres mit einem Durchmesser von sechs Metern hob unterhalb davon elf Meter über dem Wasser-

Rechts: Das Krantor

Schiffahrtsmuseum Danzig
Die geborgene Ladung einer im 15. Jahrhundert in der Danziger Bucht gesunkenen Kogge

spiegel schwere Güter und kleinere Masten. Je vier Mann, meist wohl Strafgefangene, mußten in diesen schwergewichtigen Holzkränzen schweißtriefend ihre Laufarbeit verrichten. Städtische Beamte verwalteten das technische Wunderwerk der damaligen Zeit. Nach der Zerstörung 1945 erhielt es beim Wiederaufbau ein Aussehen, das es bis etwa Mitte des 18. Jahrhunderts mit einem zur Mottlau weisenden Krüppelwalm am Dach wahrscheinlich ununterbrochen hatte.

Heute befindet sich im Krantor das Schiffahrtsmuseum, das durch den rückseitigen Eingang in der ul. Szeroka 67 erreichbar ist. Das Museum zeigt die Situation und die Entwicklung Danzigs in der Ostsee und vermittelt Eindrücke aus der Zeit der Hanse. Polen, das heute Nahrungsmittel importieren muß, um die Bevölkerung zu ernähren, galt im 16. Jahrhundert als Kornkammer Europas, und Danzig war der Hauptum-

*Der Fischmarkt an der Mottlau
Viele Fischer verkauften ihre Ware direkt vom Kutter*

schlagplatz des polnischen Getreides. Zahlreiche Bilder, Schiffsmodelle, Hafen- und Werftenmodelle und neueste archäologische Funde vermitteln hiervon gute Eindrücke. Zum Schiffahrtsmuseum gehört der Neubaukomplex unmittelbar neben dem Krantor, drei restaurierte Speicher auf der Bleiinsel direkt gegenüber dem Krantor und das vor den Speichern liegende Museumsschiff Sołdek. Die Hauptausstellung des Museums befindet sich in den drei Speichern auf der Bleiinsel. Zwischen Bleiinsel und Krantor verkehrt während der Öffnungszeiten nach Bedarf eine Fähre.

☞ **Centralne MuzeumMorskie (Zentrales Schiffahrtsmuseum), ul. Szeroka 67/68, Tel.: 0-58-315311 (Krantor), 0-58-318611 (Bleihof); Sommersaison täglich 10-18 Uhr, außerhalb der Saison Di-So 10-16 Uhr.**

Wir setzen unseren Weg vom Krantor aus an der Mottlau weiter fort und kommen am Johannistor und am Häkertor vorbei zum **Fischmarkt**, Targ Rybny. Zu Zeiten des Dominikanermarkts in den ersten beiden Augustwochen ist hier ein Markt, auf dem Antiquitäten angeboten und auch vergleichsweise preisgünstig erworben werden können: Uhren, Möbel, Schmuck, Geschirr, deutsche und polnische Bücher. Es ist allerdings aus gutem Grund auch heute nicht erlaubt, Gegenstände, die vor 1945 hergestellt wurden, aus Polen auszuführen.

Früher wurde hier zweimal wöchentlich der Fischmarkt abgehalten und Fischersfrauen prägten das Bild. Sie wohnten meist in den kleinen Ortschaften in der Nähe Danzigs an der Weichsel. Auffälliges Zentrum des Fischmarktes ist der »Schwanenturm«, ursprünglich Fischturm genannt. Er wurde nach dem Sieg Danzigs über den Ritterorden errichtet, um von hier aus die Mottlau kontrollieren zu können.
Der Fischmarkt liegt am Rande der Rechtstadt. Von hier führen zwei Wege zum Ausgangspunkt unseres Stadtrundgangs zurück. Dem Besucher, der Danzig genauer kennenlernen will, empfehlen wir beide Wege auszuprobieren.
Der kürzere Weg führt vom Targ Rybny den Altstädtischen Graben (Podwale Staromiejskie) entlang. Wir kommen an einem Denkmal zu Ehren derjenigen Polen vorbei, die zwischen 1410-1945 für die Zugehörigkeit Danzigs zu Polen kämpften. Reste der alten Stadtmauer, die die Rechtstadt begrenzten, befinden sich zur Linken, dann erreichen wir den Dominikanerplatz mit den großen alten Markthallen. Vor uns der Turm »Jacek«. Die Markthalle wurde 1894 an jener Stelle errichtet, an der sich früher das Klostergebäude der Dominikaner befand. Dahinter steht die alte Dominikanerkirche.

Nikolaikirche

Die Nikolaikirche ist die einzige Kirche in der Danziger Innenstadt, die im Krieg unzerstört blieb. Bereits 1185 stiftete Subislaus I. eine hölzerne Kirche, die dem Schutzpatron der Fischer und Seeleute geweiht war. 1227 kam aus Krakau der hl. Hyazinth (Jacek), ein Dominikaner. Er erhielt diese kleine Kirche als Basis für die Christianisierung der Preußen. Zwischen 1340 und 1350 entstand die Kirche in ihrer heutigen architektonischen Gestalt. Die Innenausstattung, die den Besuch auf jeden Fall lohnt, stammt zumeist aus dem 17. und 18. Jahrhundert. Sehenswert in der Kirche ist insbesondere der Hochaltar, die »Krönung des hl. Nikolaus durch Christus und Maria« aus dem Jahr 1647, die alte Orgel der Kirche (1757) und die Kanzel (1715). Nach Ausrufung des Kriegsrechts 1981 hatte die Nikolaikirche wichtige kulturelle Aufgaben wahrgenommen. Sie war Orientierungspunkt der Literaturszene der Stadt. Monatliche Treffen unter der Parole »Gesprochene Punkte« fanden hier statt, an denen Danziger Poeten wie Tempski, Nowosielski, Jurewicz, Kupper teilnahmen.
Zwischen Nikolaikirche und der **Markthalle** wird täglich der Obst- und Gemüsemarkt abgehalten. In der Markthalle können Sie vieles kaufen,

Koggen und andere Schiffe im Mottlauhafen

was offensichtlich aus dem Westen stammt: Kaffee, Fruchtsaftgetränke u.a. Für die meisten Polen allerdings sind dies unerschwingliche Güter.
Von den Markthallen gehen wir weiter am Turm »Jacek« vorbei. Früher trug dieser ehemalige Befestigungsturm im Volksmund den Namen »Kiek in de Kök«. Von hier aus, so lautet die Sage, konnte man nämlich den Rittern in die Küche gucken. Der Turm wurde etwa zur gleichen Zeit wie das Krantor gegen den Willen des Ordenskomturs errichtet.
Nicht weit ist der Weg zum Holzmarkt, dem Targ Drzewny, der dann auf dem Kohlenmarkt, unseren Ausgangspunkt, zurückführt. Im Zentrum des Holzmarktes steht das Jan-Sobieski-Denkmal zur Erinnerung an jenen legendären polnischen König, der vor rund 300 Jahren bei Wien die Türken in die Flucht schlug.
Der Weg zum Kohlenmarkt führt durch die Teatralna, die enge Theatergasse, am Portal jener »Alten Apotheke« mit der besonderen Medizin – Kanonenkugeln und Pulver – vorbei.

Die Altstadt

Der andere Weg vom Fischmarkt zurück zum Ausgangspunkt führt in die Altstadt, die nicht so gut restauriert wurde wie die Rechtstadt, aber dennoch viele Sehenswürdigkeiten aufweist. Wir gehen zunächst die Mottlau weiter entlang. Links liegt etwas abseits vom Fischmarkt das traditionelle Restaurant »Kubicki«.

Günter Grass besuchte »Kubicki« während eines seiner letzten Aufenthalte und stellte fest, daß hier noch die Atmosphäre des alten Danzig zu spüren sei. Das Lokal ist seit 1918 geöffnet und somit eines der traditionsreichsten.

☞ **Bei »Kubicki« können sie noch Speisen der alten polnischen Küche probieren, z.B. Schweinsrücken (Schab), Eisbein (Golonka) oder Eingeweide (Flaki). Schnaps wird wie in alten Zeiten in der Karaffe serviert.**

Nach 100 Metern mündet der Kanal Raduni, Radaune, in die Mottlau. An der Mündung liegt ein Hotelschiff vor Anker, in dem es relativ billige Übernachtungsmöglichkeiten gibt. Es hat Tag und Nacht geöffnet.

Wir gehen den Fußweg an der linken Seite der Raduni (Radaune) entlang. Auf der gegenüberliegenden Seite sind die imposanten Kräne der Danziger Werft. Nur kurz ist der Weg, bis wir hinter der ersten Brücke links abbiegen und zu einem Denkmal besonderer Art gelangen: der »**Polnischen Post**«. 50 Jahre nach dem Beginn des Zweiten Weltkrieges ist dies eines der herausragenden Wahrzeichen des polnischen Widerstandes gegen die Eroberungspläne des deutschen Faschismus. 51 Angestellte der Post verteidigten heldenhaft, wenngleich hoffnungslos, diese Post 14 Stunden lang gegen einen übermächtigen Gegner. Zwölf Verteidiger kamen ums Leben, fast alle anderen wurden kurze Zeit später von den Nazis getötet.

Nirgends ist dieser Kampf um die Polnische Post eindrucksvoller, wenn auch nicht historisch getreu, dargestellt als in dem Roman »Die Blechtrommel« von Günter Grass und dessen Verfilmung durch Volker Schlöndorff.

Wer das Denkmal vor der Polnischen Post betrachtet oder die Ausstellung im Inneren aufsucht, mag daran denken: Weder die Verteidiger der Polnischen Post noch der Westerplatte konnten den Anschluß des Freistaates Danzig an das Großdeutsche Reich verhindern. In jenen Tagen des September 1939 ging die Freie Hansestadt Danzig unter, die Fabriken, vor allen die großen Werften, wurden auf Kriegsproduktion für die

Gefangene Verteidiger der Polnischen Post werden abgeführt

Günter Grass: Recherchen zur »Blechtrommel«

»Mutmaßend, daß es noch überlebende ehemalige Verteidiger der Polnischen Post gebe, informierte ich mich im polnischen Innenministerium, das ein Büro unterhielt, in dem Dokumente über deutsche Kriegsverbrechen in Polen gestapelt lagen. Man gab mir Adressen von drei ehemaligen polnischen Postbeamten (letzte Anschrift aus dem Jahr 1949), sagte aber einschränkend, diese angeblich Überlebenden seien von der polnischen Postarbeitergewerkschaft (und auch sonst offiziell) nicht anerkannt worden, weil es im Herbst 1939 nach deutscher und polnischer Fassung öffentlich geheißen habe, alle seien erschossen worden: standrechtlich. Deshalb habe man auch alle Namen in die steinerne Gedenkplatte gehauen, und wer in Stein gehauen sei, lebe nicht mehr.
In Gdańsk suchte ich Danzig, fand aber zwei der ehemaligen polnischen Postbeamten, die mittlerweile auf der Werft Arbeit gefunden hatten, dort mehr als auf der Post verdienten und eigentlich zufrieden waren mit ihrem nicht anerkannten Zustand. Doch die Söhne wollten ihre Väter heldisch sehen und betrieben (erfolglos) deren Anerkennung: als Widerstandskämpfer. Von beiden Postbeamten (einer war Geldbriefträger gewesen) erhielt ich detaillierte Beschreibungen der Vorgänge in der polnischen Post während der Verteidigung. Ihre Fluchtwege hätte ich nicht erfinden können.«

Günter Grass, Rückblick auf »Die Blechtrommel« oder der Autor als fragwürdiger Zeuge in: Volker Schlöndorff, »Die Blechtrommel«, Tagebuch einer Verfilmung, Darmstadt 1979)

deutsche Wehrmacht umgestellt. Die jahrhundertelang immer auf ihre Selbständigkeit und Unabhängigkeit bedachte Stadt wurde von den Nazis gleichgeschaltet. Die polnische Bevölkerung wurde entrechtet, es wurde ihnen sogar verboten, die polnische Sprache zu sprechen. Parallel zum Anschluß der Stadt an das nationalsozialistische Deutschland wurde 40 km östlich von Danzig am Frischen Haff das Konzentrationslager Stutthof errichtet. Das Lager diente anfänglich der Inhaftierung und Vernichtung der polnischen Intelligenz aus Danzig und Umgebung. Der Krieg selbst holte Danzig erst fünfeinhalb Jahre später wieder ein, als im Frühjahr 1945 im Bombenhagel sowjetischer Artillerie die Stadt in Schutt und Asche fiel.

Gegenüber der Polnischen Post finden Sie in der ul. Sieroca (Am Spendhaus) eine alte, erhalten gebliebene Wohltätigkeitsanstalt aus dem 16. Jahrhundert, die heute zu Wohnzwecken dient. Auf der Rückseite sind noch die alten deutschsprachigen Inschriften, die unter anderem von der Gründung einer Kirche im 18. Jahrhundert künden.

Dieses Haus war eine Zufluchtsstätte für Heimatlose, Bettler und Kranke, die ihren Lebensunterhalt nicht aufbringen konnten. Auch Waisenkinder oder uneheliche Kinder, die nicht zur Schule oder Lehre zugelassen worden waren, erhielten hier eine Unterkunft und Hilfe. Zugleich erhielten sie auch Ausbildung und Arbeit. Verwaltet wurde das Haus von der Katharinenkirche. Die finanziellen Mittel wurden durch Straßen- oder Haussammlungen aufgebracht. Auch in einigen Gilden waren Sammeldosen aufgestellt.

Etwa hundert Meter die ul. Sieroca entlang sehen wir ein großes altes Backsteingebäude, die frühere Volksbadeanstalt, in der heute eine Schule für behinderte Kinder untergebracht ist.

Wir setzen unseren Weg die Straße entlang fort, dann wieder am Kanal Raduni (Radaune) entlang und erreichen nach einiger Zeit ein altes Fachwerkäuschen, nunmehr eine kleine Cocktailbar, Vinifera. Eine Pause lohnt, um den malerischen Blick auf die kleine Insel in der Raduni und das Mühlenhofgebäude zu genießen. Auf der gegenüberliegenden Seite dann freilich als Kontrast der wenig ansehnliche Betonbau des Hevelius-Hotels, des größten Hotels in der Danziger Innenstadt.

Weiter an der Raduni entlang gelangen wir zur **Großen Mühle**. Sie wurde im 14. Jahrhundert errichtet und noch bis in den Zweiten Weltkrieg hinein von den Wassern der Raduni angetrieben. Im Mittelalter war sie der größte Mühlenbetrieb in Europa. 18 Wasserräder trieben die Mühlen an und bis zu 200 Tonnen Mehl konnten täglich produziert

Denkmal vor der Polnischen Post

werden. Die Mauern der Mühle sind 120 cm dick. Sie ist von einem sechs Stockwerke hohen Satteldach bedeckt. Vor der Mühle auf der anderen Straßenseite befindet sich an der Raduni das Mühlenhofgebäude, auch Kleine Mühle genannt.

Direkt an der Raduni liegen eng beieinander zwei alte und traditionsreiche Danziger Kirchen, die Katharinenkirche und die Brigittenkirche.

Die Katharinenkirche

Sie ist die älteste Danziger Kirche. Bereits um 1185 wurde sie von Fürst Subislaus gegründet. Ursprünglich ein Holzbau, wurde sie im frühen 13. Jahrhundert in Stein gebaut. Im Jahr 1945 brannte sie aus und wurde wieder rekonstruiert. Im Inneren sind ein spätgotisches Triptychon aus dem 16. Jahrhundert sowie ein Gemälde von Anton Möller aus dem 17. Jahrhundert zu sehen. Am 30. August 1989 wurde in der Kirche ein neues Glockenspiel eingesetzt, das vor allen von Deutschen aus der Bundesrepublik finanziert wurde. Das alte Glockenspiel wurde während des zweiten Weltkrieges eingeschmolzen. 28 Glocken blieben jedoch erhalten und befinden sich heute in Lübeck.

Die Brigittenkirche

Hinter der Katharinenkirche erhebt sich unmittelbar die Brigittenkirche. Sie hat eine lange historische Tradition. Zwischen 1393 und 1397 wurde sie unter dem Hofmeister des deutschen Ritterordens Conrad von Jungingen erbaut und der heiligen Brigitta geweiht. Zur Kirche gehört ein Kloster, das am 25. Juli 1394 gegründet und 1397 dem von der hl. Brigitta gestifteten S. Salvator- oder Brigitterinnenorden übergeben wurde.

In der Zeit der Reformation gingen den Katholiken sämtliche Pfarrkirchen verloren. Die Klosterkirchen, wie die Brigittenkirche, mußten für lange Zeit die Seelsorge übernehmen. Das Brigittenkloster bestand bis zum Jahr 1840, dann wurde die Klosterkirche zur Pfarrkirche erhoben und das Kloster selbst abgerissen.

Die Brigittenkirche hat freilich nicht nur eine lange historische Tradition; sie ist heute die Kirche der Danziger Werftarbeiter. Nur wenige hundert Meter sind es bis zum Eingang der Danziger Werft, der früheren Lenin-Werft. Pastor Jankowski, der Propst der Brigittenkirche, hat wie kaum ein anderer Priester immer wieder für die streikenden Werftarbeiter politisch Partei ergriffen. Er ist einer der wichtigsten Berater Lech Wałęsas. Oft zogen in den vergangenen Jahren Demonstrationszüge von der Werft zur Brigittenkirche. Wer das Innere dieser Kirche betritt, gewinnt einen Eindruck von der politischen Bedeutung, die die katholische Kirche für die Menschen in Polen hat. Ein Denkmal für den vom polnischen Sicherheitsdienst ermordeten Priester Popieluszko, Erinnerungen an die Geschichte des Widerstands von 1956–1989 und an Katyn bestimmen auch das Bild dieses Gotteshauses.

Außen vor der Kirche steht die Statue des Papstes Johannes Paul II. mit der provokanten Inschrift: Totus tuus – alles ist Dein. An vielen Sonntagen ist die Kirche überfüllt, und manchmal findet man unter den Kirchenbesuchern auch den Nobelpreisträger Lech Wałęsa mit seiner Familie.

Wir setzen unseren Weg weiter am Kanal Raduni entlang fort und gelangen in die ul. Korzenna, früher Pfefferstadt genannt, zum Altstädtischen Rathaus.

Rechts: Die Große Mühle am Radaune Kanal

Das Altstädtische Rathaus

Das Altstädtische Rathaus wurde von 1586–1595 von Anthony van Obbergen im flämischen Renaissancestil erbaut. An gleicher Stelle stand bereits vorher ein älterer Rathausbau. Über zwei Jahrhunderte hatten hier Bürgermeister und Rat der Altstadt ihren Sitz. In den von außen durch sechs Eingänge zugänglichen Kellerräumen betrieb der Rat der Altstadt den Ausschank von Wein, Most, Met und Bier. Im Erdgeschoß befanden sich Stadtwaage, Küche, Wagenremise und Diensträume. Eine breite Treppe führt zu den Amtsräumen im ersten Stock und dem großen Saal, der sich über die ganze Länge des Fronttrakts erstreckt. Von dort gelangt man zu der Sommer- und Winterkammer des Rates und des Schöffengerichts. Im obersten Geschoß war das Stadtarchiv untergebracht.

Im 19. Jahrhundert und zu Zeiten der Freien Stadt Danzig diente das Gebäude Gerichtszwecken und als Standesamt. Es blieb im Zweiten Weltkrieg unversehrt. Von 1945–1954 war es Sitz des Rats der Stadt. Heute ist in ihm das Bezirkskulturamt untergebracht.

Das Altstädtische Rathaus ist eines der wenigen zur Zeit der Renaissance erbauten Rathäuser in Polen. Zwei parallel verlaufende Walmdächer bedecken den geschlossenen, fast kubischen Körper. Beim Haupteingang sind prächtige Steinreliefs aus dem 16. Jahrhundert erhalten geblieben. Das Innere des Rathauses ist mit Gemälden des 17. Jahrhunderts ausgestattet. Besonders beeindruckend ist der große Saal mit zwei Kaminen. Auch heute finden hier noch regelmäßig Konzertveranstaltungen statt. Das gesamte Gebäude wird als Kulturzentrum der Woiwodschaft genutzt. Vor dem Rathaus erinnert ein Denkmal an Jan Heweliusz (1611–1687), den berühmten Danziger Astronomen. Heweliusz war Besitzer einer Brauerei. Astronomie betrieb er als Hobby. Das Denkmal steht in der Nähe der Stelle, wo er sein Observatorium errichtete, in dem er das von ihm Sobieskie-Schild genannte Sternbild entdeckte.

Hinter dem Gebäude steht an der Raduni (Radaune) das Haus der Pelpliner Äbte, 1612 nach Plänen von Wilhelm von dem Block errichtet. Daran schließt die St. Josephskirche, die frühere Weißmönchkirche und die Elisabethkirche in der ul. Elżbietańska an.

St.-Joseph-Kirche

Die St.-Joseph-Kirche ist eine Karmeliterkirche, und ihre Geschichte ist eng mit der Geschichte des Karmeliterordens in Danzig verknüpft. Diese Mönche, die zum ersten Mal 1391 im sog. Treßler Buch erwähnt

Altstädtisches Rathaus

werden, besaßen auf der von Windrich v. Kniprode erbauten »Jungstadt« eine Niederlassung mit einer Marienkirche. Nach dem Einfall der Hussiten wurde den Karmelitern innerhalb der Stadtmauern der Altstadt die Georgenkapelle mit einem größeren Gelände zugewiesen. 1467 begannen die Mönche auf dem Grunde der niedergerissenen Georgenkapelle eine neue, Elias und Eliseus geweihte Kirche zu erbauen. 1496 war der Vorbau, der jetzige erste Teil der Kirche, vollendet. Dem ursprünglichen Plan nach sollte die Kirche groß ausgebaut werden. Da aber nicht genügend Geldmittel vorhanden waren und die Reformation einsetzte, begnügte man sich mit einem Anbau an das Presbyterium, dem heutigen zweiten Teil der Kirche, und vollendete den Bau 1623 in der Form, wie er heute noch dasteht.

In den Jahren 1576 und 1678 wurden Kirche und Kloster bei religiösen Auseinandersetzungen geplündert und das Innere der Kirche zerstört. 1680 wurde die Kirche wiederhergestellt. Hochaltar, Kanzel und die beiden vorderen Seiten stammen aus dieser Zeit. 1780 erhielten die Karmeliter die Seelsorge im ehemaligen Bezirk von St. Katharinen. Im Jahr 1840 wurden die kirchlichen Verhältnisse in Danzig neu geordnet, die ehemaligen Klosterkirchen in Pfarrkirchen umgewandelt.

Die Elisabethkirche

Die Elisabethkirche ging 1547 in die Hände der Protestanten über. 1846 wurde sie von der preußischen Regierung aufgekauft und als evangelische Garnisonskirche genutzt. 1920 wurde das Gebäude geschlossen und im Kriege erheblich zerstört. Seit 1949 fungiert sie wieder als katholische Kirche. An den Wänden der Kirche stellen Fresken die biblische Geschichte dar.

Wir sind damit am Ende unseres Stadtrundgangs durch die historische Altstadt Danzigs angelangt. Auf der gegenüberliegenden Seite der Elisabethkirche befindet sich der **Danziger Hauptbahnhof**. Erkennbar sind zur Linken in der ul. Wały-Jagielońskie Überreste der św. Elżbiety-Bastion aus dem 16. Jahrhundert. In Richtung Lenin-Werft findet sich, so kommen Sie in der Wałowastr. zur Bibliothek der Polnischen Akademie der Wissenschaften, die für den wissenschaftlich und historisch Interessierten eine wahre Fundgrube darstellt, da sie vom Krieg weitgehend verschont blieb. Hier befinden sich unzählige Dokumente aus dem alten Danzig und aus Pommern.

Leninwerft/Danziger Werft

Nur kurz ist der Weg von der Altstadt zum großen Platz vor der ehemaligen Lenin-Werft. Hier begann für Polen im August 1980 ein neues Kapitel seiner Geschichte. Der Streik der Werftarbeiter führte am 31. August 1980 zu den »Danziger Vereinbarungen«. Zum ersten Mal nach dem Krieg wurden in einem sozialistischen Land unabhängige

Rechts: Denkmal vor der Danziger Werft

Gewerkschaften offiziell anerkannt. Am 16. Dezember 1980 wurde das weithin sichtbare Denkmal vor dem Haupttor der Lenin-Werft von Lech Wałęsa in Gegenwart des damaligen polnischen Staatsoberhaupts Henryk Jablonski und vieler hochrangiger Parteifunktionäre eingeweiht. Tausende Danziger nahmen an dieser Feier teil. Mehr als 40 Meter sind die drei Kreuze und Anker hoch. Sie erinnern an die Opfer der Streiks und Demonstrationen aus den Jahren 1956, 1970 und 1976. Insbesondere 1970 kam es in Danzig zu regelrechten Straßenschlachten, als die Arbeiter gegen massive Preiserhöhungen demonstrierten. Viele verloren dabei ihr Leben.

Die alte Vorstadt

Südlich der Rechtstadt liegt die alte Vorstadt. Hier befindet sich ein weiterer sehenswerter Gebäudekomplex, den der Besucher, der Danzig genauer kennenlernen möchte, unbedingt aufsuchen sollte. Im ehemaligen Franziskanerkloster ist heute das Nationalmuseum untergebracht, daneben liegt die Trinitatiskirche.

Das Nationalmuseum

Zu den Sammlungen des Museums gehören Schmuck und Silberhandwerk, auch alter Danziger Silberschmiede aus dem 17.–19. Jahrhundert, die einst in Europa berühmten Danziger Möbel, Werke gotischer Kunst, Gemälde niederländischer und polnischer Künstler. Das bekannteste Gemälde im Nationalmuseum ist zweifellos »Das jüngste Gericht«, ein Flügelaltar von Hans Mehmling. Der Altar wurde 1473 vom Danziger Kapitän Paul Benecke auf einer Kapernfahrt dem florentinischen Besitzer gestohlen und von Benecke der Marienkirche geschenkt. Dieser Vorfall löste internationale Verwicklungen aus, der Papst drohte der Stadt sogar mit dem Bann. Eindrucksvoll ist auf dem Mittelbild des Flügelaltars der Anbruch des Jüngsten Tages dargestellt. In einen purpurroten Mantel gehüllt steht der Erzengel Michael, die Verdammten drängt er in die Hölle und die Seligen leitet er zur Himmelspforte.

☞ **Muzeum Narodowe, Nationalmuseum, ul. Toruńska 1, Tel.: 317061, geöffnet: So 9-15, Di, Sa 11-17, Mi, Do 9-15, Mo, Fr und nach Feiertagen geschlossen.**

Die Trinitatiskirche wurde von den Franziskanern gegründet, die 1419 nach Danzig kamen. Die dreischiffige Kirche selbst entstand zwischen 1481 und 1514. Jedes Schiff des Hallenbaus ist mit einem Dach versehen, das im Westen mit einem Spitzgiebel abschließt und so die charakteristische spätgotische Westfassade bildet. St. Trinitatius kann zahlreiche wertvolle Einzelstücke der Innenausstattung aufweisen: Das gotische Chorgestühl von 1511, eine gotische Kanzel aus dem Jahr 1541, ein Kruzifix von um 1500, Epitaphe aus dem 16. und 17. Jahrhundert. Hinter der Kirche sollte man nicht die Besichtigung des kleinen Bürgerhauses aus dem Jahre 1610 versäumen.

Hafenrundfahrt und Besuch der Westerplatte

Direkt beim Grünen Tor legen die Schiffe der »Weißen Flotte« ab. Von hier fahren sie zur Westerplatte und auch weiter in die Danziger Bucht hinein, nach Sopot und Gdynia sowie zur Halbinsel Hel.

☞ **Kartenverkaufsstelle direkt an der Anlegestelle am Grünen Tor (Żegluga Gdańska), Tel.: 314926. Dort sind auch Fahrpläne und eine Broschüre über den Hafen mit einem Plan der Hafenanlagen erhältlich. Eine Hafenrundfahrt dauert mit einem Ausflug auf die Westerplatte ca. 3 Stunden, die reine Fahrtzeit zur Westerplatte beträgt 30 Minuten, nach Sopot 20 Minuten. Die Schiffe fahren mehrmals täglich.**

Die Fahrt in den Hafen und zur Westerplatte führt uns zunächst längs der Promenade der Mottlau an den Wassertoren vorbei. Auf der anderen Seite liegt die Speicherinsel, dann die Insel Ołowianka mit dem Königsspeicher. In den Speicherhäusern befindet sich ein modernes Seemuseum. Die Exponate stammen aus der Mottlau, der Danziger Bucht oder der Ostsee.

Wir fahren am Motorschiff MS ›Sołdek‹ vorbei, dem ersten nach dem 2. Weltkrieg in Polen gebauten Schiff. Heute kann man das Schiff besichtigen, es gehört zum Komplex des Meeresmuseums. Zur Linken dann der Fischmarkt. Zwischen dem Schwanturm und der Mündung des Kanal Raduni lag früher eine slawische Festung und eine Burg des Ritterordens. Von der Langen Brücke bis hierhin erstreckte sich der Alte Hafen von Danzig. Heute liegen dort an Sommertagen Segelboote aus vielen Ländern: den baltischen Republiken, Rußland, der Bundesrepublik, Finnland, Schweden u.a.

Hinter dem Kanal Raduni macht die Mottlau einen großen Bogen und mündet am Polnischen Haken, dem Polski Hak, in die Martwa Wisła, die Tote Weichsel. Zur Linken, am Weichselufer sehen wir die großen Kräne und Dockanlagen der Lenin-Werft, der größten Werft Polens, ja sogar Europas. Unser Schiff fährt in den Kaschubischen Kanal (Kanal

Blick auf die St. Johannes Kirche und die Mottlau

Kaszubski) der zwischen 1901 und 1903 gebaut wurde. Auf der Insel Ostrów befinden sich eine Reparaturwerft sowie Teile der Lenin-Werft. Viele große Schiffe liegen hier zur Überholung. Auf der rechten Seite befindet sich eine Düngemittelfabrik.

Im Kaschubischen Kanal beginnt der heutige Hafen von Gdańsk. Dort, wo der Kanal wieder in die Tote Weichsel mündet, sehen wir links den Weichselbahnhof (Dworzec Wiślany) und auf der rechten Seite den Holzbahnhof (Dworzec Drzewny). Der Hauptumschlag von Kohle und Mineralöl erfolgt allerdings im neuen Nordhafen direkt in der Danziger Bucht. Der Hafen von Gdańsk ist ein traditioneller Stückguthafen. Schiffe mit einem Tiefgang bis zu 10,2 Metern können hier be- und entladen werden. Der moderne Umschlag von Gütern in Containern findet allerdings überwiegend im neuerbauten Containerterminal des Hafens von Gdynia statt.

Auf der rechten Seite sehen Sie dann die alte Seefestung Wisłoujście, Weichselmündung. Die Festung wurde im Mittelalter errichtet, um die Mündung der Weichsel und die Hafeneinfahrt zu schützen. 1562 wurde sie mit einem Verteidigungsring aus Ziegeln umgeben, im 17. Jahrhundert kamen Bastionen und Erdgräben hinzu. Im 19. Jahrhundert diente

An der Weichselmündung

die Festung als Gefängnis. Früher lag sie noch direkt an der Flußmündung und der See. Durch zunehmende Versandung liegt sie heute jedoch weiter im Inland. Hinter der Festung an der Ostsee erstrecken sich heute die modernen Umschlagsanlagen des Nordhafens.

Die Tote Weichsel macht nunmehr eine scharfe Linkskurve. Hier beginnt der Kanal Portowie. Links liegt der Stadtteil Nowy Port, früher Neufahrwasser, dann der Leuchtturm und das Hafenamt. Neufahrwasser wurde nach der ersten Teilung Polens 1772 von den Preußen gegründet, um dem damals polnischen Danziger Hafen wirtschaftlich das Wasser abzugraben.

Das Schiff legt an der rechten Seite der **Westerplatte** an, eine sandige Halbinsel der Weichselnehrung mit leichten Dünen. Von der Anlegestelle führt ein Weg am Ostseeufer entlang zum 1966 errichteten Denkmal. Von dort haben Sie einen Blick tief in die Danziger Bucht hinein, bei gutem Wetter bis zur Halbinsel Hel.

Bis 1920 war die Westerplatte ein beliebter Badestrand. Dann wurde hier auf Beschluß des Völkerbunds ein polnisches Munitionsdepot errichtet und eine Militärabteilung der polnischen Armee stationiert. Am 1. September 1939 eröffnete das Schlachtschiff »Schleswig-Holstein« mit den Schüssen auf die Westerplatte den deutschen Überfall auf Polen. Eine Woche lang verteidigten die Soldaten die Stellungen gegen einen weit überlegenen Angreifer. Militärisch hatte die Verteidigung der

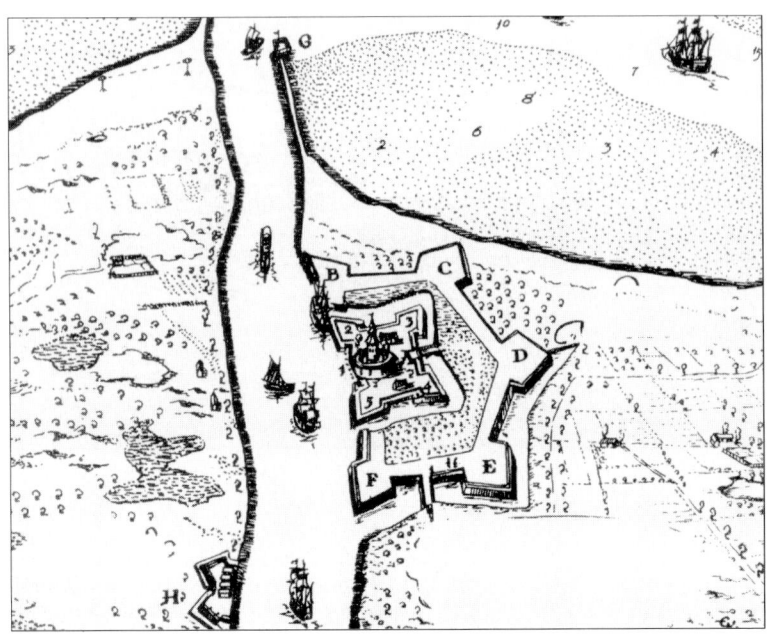

Rekonstruktionszeichnung der Festung Weichselmündung

Westerplatte keine sehr große Bedeutung. Ob wenige Stunden, wie eigentlich erwartet, oder wenige Tage – der Kampf der Verteidiger war von Anfang an hoffnungslos. Doch sie, wie auch die Kämpfer in der Polnischen Post, symbolisierten die Widerstandsbereitschaft des polnischen Volkes gegen den deutschen Faschismus und den Kampf für nationale Unabhängigkeit. Heute erinnert ein großes Monument an die Verteidiger der Westerplatte und alle polnischen Soldaten, die auf vielen Schlachtfeldern Europas für ihre Heimat kämpften. Ruinen der Kasernen und Wachhäuser sind erhalten geblieben. Das ganze Gelände wurde würdevoll zu einer Mahn- und Gedenkstätte umgestaltet.

Von dort bringt das Schiff uns wieder an unseren Ausgangspunkt in der Innenstadt zurück. Wer will, kann aber auch mit dem nächsten Schiff in Richtung Sopot die Danziger Bucht entlang fahren und dort an der Mole aussteigen.

Rechts: Denkmal auf der Westerplatte

Abseits
der touristischen Zentren

Gdańsk-Wrzeszcz:
In Langfuhr auf den Spuren Oskar Matzeraths

Danzig vor und im Zweiten Weltkrieg, das ist die Welt, in der »Die Blechtrommel« spielt, die »Saga der untergegangenen Freien Stadt Danzig, eine poetische Rettung jener kleinen Welt, in der Deutsche und Polen, Juden und Kaschuben zusammenlebten, vor dem Vergessenwerden« (Enzensberger).

»In Gdańsk schritt ich Danziger Schulwege ab, sprach ich auf Friedhöfen mit anheimelnden Grabsteinen, saß ich (wie ich als Schüler gesessen hatte) im Lesesaal der Stadtbibliothek und durchblätterte Jahrgänge des ›Danziger Vorposten‹, roch ich Mottlau und Radaune. In Gdańsk war ich fremd und fand doch alles wieder: Badeanstalten, Waldwege, Backsteingotik, und jene Mietskaserne im Labesweg, zwischen Max-Halbe-Platz und Neuer Markt; und auch besuchte ich (auf Oskars Anraten) noch einmal die Herz-Jesu-Kirche; der stehengebliebene katholische Mief.« Dies schreibt Günter Grass, der 1927 im Labesweg in Danzig-Langfuhr geboren wurde.

Sein Hauptwerk, »Die Blechtrommel«, ist kein historischer Roman und doch erfahren wir darin weit mehr über das Danzig vor 1945 als in vielen Geschichtsbüchern. Warum also nicht auch in Danzig auf den Spuren eines großen deutschen Romans und seines Hauptdarstellers Oskar Matzerath wandeln? Eine nicht alltägliche Reise in die deutsche und polnische Vergangenheit.

Die Blechtrommel war nicht nur in der Bundesrepublik ein umstrittener Roman, überraschenderweise dauerte es mehr als zwanzig Jahre, bis die erste polnische Ausgabe erschien. Adam Krzemiński, Redakteur der kritischen Wochenzeitung »Polityka«, erläutert die Gründe:

»Da steckt etwas Östliches in ihm. Nicht zufällig klammert sich Grass an Danzig wie Antäus an die Mutter Erde... Er gibt nicht nur der westdeutschen Literatur Pfeffer und Leben, sondern auch unserer, denn mehr oder weniger geschickte Nachahmer hat er in Polen bereits

gefunden. Aber auch eifrige Gegner. Ihre Argumente decken sich teilweise mit dem Entrüstungsschrei derjenigen, die dem Schriftsteller nach dem Erscheinen der »Blechtrommel« in Deutschland der Blasphemie, des Amoralismus und Nihilismus bezichtigten. Unsere Grass-Gegner griffen ihn wegen der grotesken Darstellung des polnischen Widerstands in Danzig im September 1939 an, wegen der vermeintlichen Beleidigung katholischer Gefühle und wegen der Darstellung der Sowjet-Soldaten beim Einmarsch. Der Streit um die Herausgabe der Blechtrommel dauerte bei uns zwanzig Jahre... 1984 erschien die erste Auflage; seitdem warten wir nur noch auf den Film von Volker Schlöndorff, der gelegentlich in den Kirchen gezeigt wird und auf privaten Videokassetten herumkreist...«

Im Zeughaus versorgte sich Oskar beim Spielzeughändler Sigismund Markus mit Nachschub an Blechtrommeln. Der Stockturm, von dem aus Oskar Scheiben und Kronleuchter des Danziger Theaters erklirren ließ, und die Polnische Post, in die er am 31. August 1939 seinen mußmaßlichen Erzeuger Jan Broński führte, sind weitere zentrale Gebäude in diesem Roman.

Die Welt des Oskar Matzerath spielte sich aber vornehmlich im Danziger Vorort Langfuhr ab. Ein wenig kann man das auch heute noch nachempfinden, denn Teile des alten Stadtviertels blieben vom Krieg verschont, stehen nur wenig entfernt von den gigantischen Neubausiedlungen, die in den Nachkriegsjahrzehnten schnell hochgezogen wurden, um die dramatische Wohnungsnot zu lindern.

Wrzeszcz, das frühere Danzig-Langfuhr, ist heute der größte und modernste Stadtteil von Gdańsk, ein Zentrum des Handels. Schon 1813 wurde Langfuhr eingemeindet. Vom Bahnhof ist Wrzeszcz am günstigsten mit der S-Bahn zu erreichen. Mit dem Auto fahren Sie am Hauptbahnhof und dem Olivaer Tor vorbei die sechsspurige Aleja Zwycięstwa, die frühere Große Allee. Sie ist die Hauptverbindungsstraße nach Wrzeszcz, Oliva, Sopot und Gdynia. An der neuen Oper kommen wir vorbei, rechts führt die ul. Karola Marksa über zwei, drei Kilometer direkt an den Danziger Ostseestrand. Die Große Allee heißt nunmehr ul. Grunwaldzka, an jenen historischen Ort erinnernd, bei dem im Jahr 1410 die Schlacht gegen den Deutschen Ritterorden für die Polen siegreich endete. Genauso beziehungsreich trug diese Prachtstraße zu Zeiten der Freien Stadt den Namen Hindenburgallee. An der ul. Marchlewskiego biegen wir rechts ab und sind nach wenigen hundert Metern am S-Bahnhof Wrzeszcz.

Die große Allee 1902

Die Herz-Jesu-Kirche in Langfuhr

Langfuhr gehörte früher zu Oliva. Im Herbst 1894 baten mehrere Hundert Bewohner von Langfuhr die Bischöfliche Behörde in Pelplin um einen eigenen Seelsorger oder wenigstens um Abhaltung eines gelegentlichen Gottesdienstes in Oliva. 1896 gründeten die Langfuhrer einen Kirchenbauverein. Die Gebrüder Jantzen stifteten den Bauplatz am Schwarzen Weg, auf dem heute Kirche und Pfarrhaus stehen. Im April 1900 wurde Langfuhr eine besondere Filialgemeinde und schon im Frühherbst 1910 war der Bau fertig. Die Kirche ist eine gotische, basilikale Kreuzanlage mit enormen Ausmaßen: 57 Meter lang und 24 Meter breit, der Turm ist 67 Meter hoch. Er war früher mit Kupfer bedeckt. Über der Vierung sitzt ein kleiner Dachreiter. Vom Bahnhofsvorplatz führt ein Fußgängertunnel und wenig später auch ein Straßentunnel auf die anderere Seite der Bahn, direkt ins alte Langfuhr. Schnell sind wir an der ul. Wajdeloty, der früheren Marienstraße, kurz darauf am Labesweg, der ul. Lelewela. Das Haus Nr. 13 ist das Geburtshaus von Günter Grass. Viele der alten Häuser und Straßen stehen hier noch, nur wenig verändert, meist unzulänglich restauriert. Von Kriegszerstörungen blieben einige alte Straßen unberührt. Die Wohnungen sind veraltetet und doch wohnt es sich hier wahrscheinlich besser, als in den unpersönlichen Neubausiedlungen von Przymorze, am Rande des alten Wrzeszcz.

Karfreitagskost

»... *in oftbewährter Zusammenstellung: Mama, Jan Broński, Matzerath und Oskar in die Straßenbahnlinie Neun und fuhren durch den Brösener Weg, am Flugplatz, alten und neuen Exzerzierplatz vorbei, warteten an der Weiche neben dem Friedhof Saspe auf die von Neufahrwasser-Brösen entgegenkommende Bahn. Wir fuhren Saspe und seinen Friedhof hinter uns lassend, gegen Brösen, ein Badeort, der um diese Zeit, etwa Ende April, recht schief und trostlos aussah. Zuerst wollten wir alle zu Fuß nach Glettkau, schlugen dann aber, ohne es zu besprechen, den entgegengesetzten Weg, den Weg zur Mole ein. Die Ostsee leckte träge und breit den Strand. Bis zur Hafeneinfahrt zwischen weißem Leuchtturm und der Mole mit dem Seezeichen kein Mensch unterwegs.«* (S. 125f)

Mit dem Auto können Sie vom Plac Komorowskiego, dem früheren Max-Halbe-Platz, die ul. Chrobrego entlang fahren, in der es heute keine Straßenbahnlinie mehr gibt. Nach kurzer Zeit trifft man auf den Friedhof Zaspa, an drei Seiten von einer großen Neubausiedlung eingerahmt. Der Friedhof ist heute eine Gedenkstätte an die Opfer der Nazidiktatur zwischen 1939 und 1945. Hier liegen 20.000 unbekannte Opfer des Faschismus. Er ist von einer Betonmauer aus steinernen Kreuzen umgeben. Fast militärisch angeordnet sind die Betonkreuze aufgebaut. Alte Bäume spenden Schatten, vermitteln Ruhe und einen scharfen Kontrast zur Betonumgebung.

Friedhof Zaspa

Hier liegen polnische und deutsche, katholische und jüdische Opfer der Nazidiktatur, ungezählte Unbekannte, viele der Ermordeten des KZ Stutthof aus den ersten Jahren, als es offiziell noch kein »Vernichtungslager« und doch der Mord schon alltäglich war.

Auf einem Kreuz dann plötzlich die Grabstelle von Dr. Jan Michoń, dem Direktor der Polnischen Post, der erschossen wurde, als er die Post bei der Übergabe verließ. Die deutsche Vergangenheit holt einen auf Schritt und Tritt im polnischen Gdańsk wieder ein.

Nur kurz hinter dem Friedhof Zaspa zur Linken der Blick auf die gigantische Neu-

Neubausiedlung Przymorze

bausiedlung **Przymorze**. In einem Führer aus den siebziger Jahren über dieses Viertel heißt es: »Wer sich für das moderne Bauwesen interessiert, kann eines der größten Wohngebiete Polens, das Viertel Przymorze, besichtigen. Beachtenswert sind die sog. Wellenhäuser, gigantische Wohngebäude (das längste mißt 1600m), sowie die herrlich auf Küstenanhöhen gelegenen Siedlungen.« Heute sind auch in Gdańsk die Zweifel an dieser Art des Fortschritts groß.

Etwas später mündet die ul. Chobrego, die Brösener Straße, in die ul. Karola Marksa. Nach links ist es nicht mehr weit bis zum Ostseestrand im kleinen Vorort Brzeźno, Brösen. In einigen Winkeln scheint hier die Zeit stehengeblieben zu sein. Kleine alte Häuser, Bauern- oder Fischerkaten, mit schmalen Vorgärten, kopfsteingepflasterte Wege enden direkt am Strand, rechts die Mole von Nowy Port (Neufahrwasser), dahinter die großen Kräne des Hafens. Zur Linken der Blick nach Sopot und bis

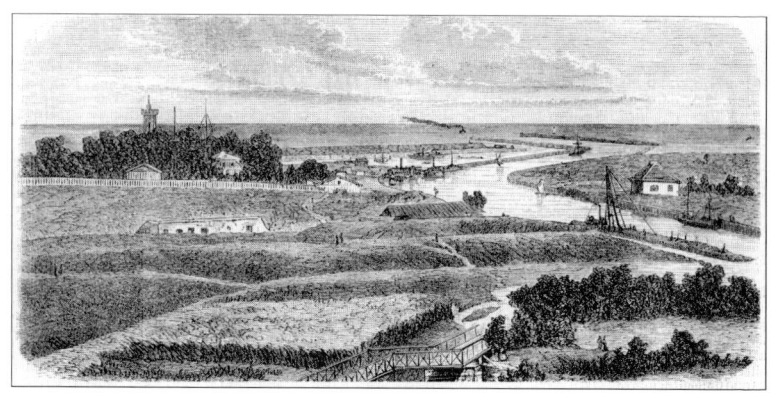

Neufahrwasser

hin nach Gdynia. Selbst an einem sonnigen Augusttag ist der Strand nur wenig bevölkert. Badeverbot! Die ökologische Krise hinterläßt ihre Spuren.

Von Brzeźno nach Nowy Port ist es nur ein kurzer Weg, die Fähre aus Finnland legt hier an, kurz dahinter der alte Leuchtturm. Unvermittelt befinden wir uns an der Mündung der Toten Weichsel, gegenüber die Westerplatte mit dem großen Monument. Im Hafen liegen viele Schiffe, eines trägt den Namen »Major Sucharski«, des Kommandanten der Westerplatte.

Matemblewo

In der Nähe von Danzig, eigentlich noch innerhalb der Stadtgrenze, befindet sich ein außergewöhnliches Sanktuarium. Matemblewo heißt der Ort, an dem seit Mitte des 18. Jahrhunderts der schwangeren Gottesmutter die Ehre erwiesen wird. Die Kapelle liegt ca. 2 km hinter Wrzeszcz an der ul. Słowackiego in Richtung Flughafen. Von der Hauptstraße führt ein Weg ca. 500 Meter links ab in den Wald hinein.

Eine Legende erzählt über Marias Eingreifen in einer auswegsosen Situation. Im Winter 1790 eilte ein Tischler aus dem Dorf Maternia nach Danzig. Seine Frau, kurz vor der Entbindung, benötigte dringend die Hilfe des Arztes. Ihr Leben und auch das Leben des Kindes waren in Gefahr. Der Weg war sehr schwer. Überall lag hoher Schnee. Den Tischler verließen die Kräfte und auch die Hoffnung, Frau und das lang

Kinder in traditioneller Kleidung zur Feier der Erstkommunion

ersehnte Kind noch retten zu können. Eifrig betete er zu Gott. Als er nicht mehr gehen konnte, sah er eine ungewöhnliche Helligkeit, aus der eine seltsame, wunderschöne weibliche Gestalt herauskam. Überrascht bemerkte er, daß sie schwanger war. Sie kam in seine Nähe und sagte: »Du brauchst keine Angst zu haben, geh nach Hause. Deiner Frau geht es wieder gut, und sie hat Dir ein schönes, gesundes Kind gegeben.« Danach ging sie auf den Hügel und verschwand. Als der Tischler nach Hause kam, wartete auf ihn schon seine gesunde Frau mit dem Kind. Sie erzählte ihm, bei ihr sei eine Frau gewesen und habe ihr bei der Geburt geholfen. Beide waren davon überzeugt, daß das die Mutter Gottes war.

Einige Tage später berichtete er über sein Erlebnis in der Abtei der Zisterzienser. Seine Erzählung trugen sie in die Chronik des Klosters ein. Zur Erinnerung an diese Erscheinung errichteten sie an der Stelle eine Kapelle. Die Statue stellte die schwangere Frau dar.

Im Krieg beteten verzweifelte Mütter vor der Kapelle für die Rückkehr ihrer Söhne von der Front. Auch heute noch sammeln sich hier Pilger, insbesondere Frauen, die sich schon lange ein Kind wünschen. Viele Ihrer Gebete - so der feste Glauben vieler, die dorthin pilgern – sollen in Erfüllung gegangen sein.

Zur Zeit wird vom Mariensanktuarium Matemblewo Hilfe für zukünftige Mütter geleistet. Neben der Kapelle wird ein Haus für alleinstehende Mütter errichtet, das den Namen des Papstes Jan Paweł II. tragen soll. Dort erhalten schwangere Frauen, die sich in einer schweren Lebenssituation befinden, Hilfe bis zum dritten Monat nach der Geburt. Über das Schicksal ihrer Kinder dürfen sie selber enscheiden. Wenn das Kind bei der Mutter bleibt, erhält es Unterstützung der Kirche. Im anderen Fall sucht die Kirche für das Kind eine katholische Ersatzfamilie.

Oliwa

Von Danziger Stadtzentrum führt die ul. Grunwaldzka nach Oliwa, früher eine Lindenalle, die zum Spaziergang einlud, heute die sechsspurige Hauptverkehrsstraße der Dreistadt. Die traditionsreiche Klostersiedlung, die erst 1926 zu Danzig kam, ist heute Sitz des Bischofs von Gdańsk. Mit der S-Bahn oder der Straßenbahn ist der Stadtteil schnell zu erreichen. Die Straßenbahn hält in Alt-Oliwa direkt vor dem Eingang des Adam-Mickiewicz-Park, früher Königlicher Park genannt, durch den schöne Fußwege zum Palast der Äbte, zum ehemaligen Zisterzienserkloster und zur Kathedrale führen.
Alexander von Humboldt nannte in seinen Reisebeschreibungen Oliwa »das drittschönste Fleckchen der Erde«. Es liegt am Hang eines bewaldeten Höhenzuges. Historisches Zentrum ist der herrliche Park mit einem kleinen Wasserfall, der berühmten Flüstergrotte, Palmenhaus und Botanischem Garten. Hier wie auch in den umliegenden Wäldern lohnen sich ausgedehnte Spaziergänge.
Das Kloster Oliwa ist urkundlich erstmals im Jahr 1178 erwähnt. Der Pomerellenherzog Subislaus hatte die Zisterzienser ins Land gerufen. In der Stiftungsurkunde wurden den Mönchen von Herzog Sambor, dem Sohn des Gründers, sieben Dörfer geschenkt, dazu der Zehnte in allen Krügen (Herbergen) bei Danzig und der Zehnte vom Fischfang von Brösen bis zur Mündung der Elbinger Weichsel. Darüber hinaus hatten sie das Privileg des freien Fischfangs in der See und im Frischen Haff. 1224 und 1236 zerstörten die heidnischen Pruzzen das Kloster bis auf den Grund. Doch in den folgenden Jahrhunderten entwickelte es sich zu einem bedeutenden Zentrum von Religion, Kultur und Wirtschaft. Im Jahr 1807 zählte man insgesamt 52 Klostergüter: Dörfer, Vorwerke, Grundstücke, Mühlen. Außer verschiedenen Ortschaften in der Kaschu-

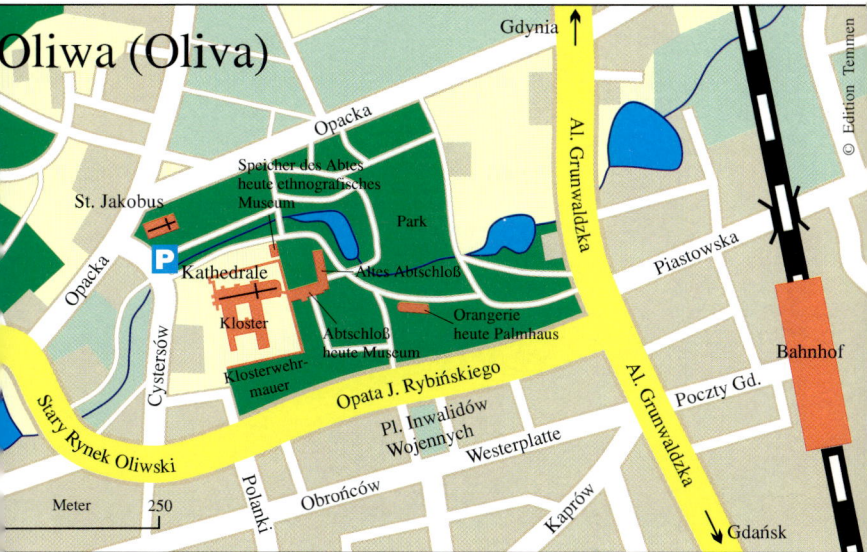

bei gehörten ihm die Dörfer auf der Danziger Höhe von Praust bis Langenau, dazu das ganze linke Weichselufer von Danzig bis zur Mündung. Um die Mitte des 17. Jahrhunderts pachtete Danzig den Ballastkrug an der Weichselmündung (Neufahrwasser). Im Jahr 1793 verglichen sich das Kloster und die Stadt dahingehend, daß das »Neue Fahrwasser« die Grenze zwischen den beiderseitigen Besitzungen bilden sollte.

Das Kloster war früher ein umfassender Gebäudekomplex. Im Jahr 1350 wurde es zwar bis auf die Mauern durch Feuer zerstört, aber in kurzer Zeit wieder aufgebaut. 1433 zerstörten die Hussiten, die vergebens Danzig belagerten, den Ort. 1626 plünderten schwedische Truppen das Kloster. Der Friede von Oliva, der 1660 im Friedenssaal des Klosters geschlossen wurde, beendete die Kriege mit den Schweden und brachte erneut eine längere Zeit des Aufschwungs.

Bei der ersten polnischen Teilung im Jahr 1772 wurde Oliwa mit allen seinen Gütern vom Staat eingezogen. Der Abt erhielt eine Abfindung in Höhe der Hälfte der veranschlagten Reineinnahmen. Nach dem Tode des polnischen Abts Rybiński ernannte der preußische König einen Hohenzollern. 1831 wurde das Kloster aufgehoben und der katholischen Pfarrkirche zugewiesen.

Heute beherbergt das ehemalige Kloster ein Priesterseminar und ein Museum mit Gemälden aus dem 16.–18. Jahrhundert sowie zeitgenös-

*Kloster Oliva
Im Hintergrund die Ostsee*

sischer Kunst, Skulpturen und Handwerksarbeiten. Im Refektorium, dem Speisesaal, beeindrucken Gewölbe und Kolumnen aus dem Jahr 1594 sowie Porträts verschiedener Äbte. Gegenüber ist ein eisernes Gitter, das den Eingang zum Lavatorium der Klosterbrüder verschloß. Im kleinen Refektorium ist ein Tisch aus der Renaissancezeit erhalten, auf dem die Waffenstillstandsdokumente unterzeichnet worden sind. Wandgemälde stellen die polnischen und schwedischen Lager dar. An der nördlichen Wand erinnert eine Marmortafel an den Friedensschluß von 1660. In der Kapelle steht die Figur des kummervollen Christus zum Gedenken an die von den Nazis ermordeten Priester.

☞ **Muzeum Narodowe w Gdańska, Diözesanmuseum Kloster Oliwa, geöffnet täglich außer Montags 9-15 Uhr**

Die Architektur des Domes in Oliwa, der ehemaligen Klosterkirche der Zisterzienser, hat sich über die Jahrhunderte fortentwickelt. Das heutige Aussehen erhielt er im 14. Jahrhundert, wenn auch wesentliche Details, so die barocke Haupttür im Westen (1668), erst späteren Ursprungs sind. Die Rokoko-Orgel, die zwischen 1763 und 1788 von Johannes Wulf erschaffen wurde, ist eine der schönsten Orgeln Polens. Das ganze Jahr über finden hier Orgelkonzerte und im Sommer ein Festival der Orgel-

Ehemaliges Abtschloß, heute Diözesanmuseum

musik statt. Im Inneren gibt es viele Sehenswürdigkeiten: der Seitenaltar der Heiligen Dreieinigkeit, Grabdenkmäler und Porträts der pommerschen Herzöge und polnischen Könige, der Grabstein von Chamberlain Hulsen (1760) ist das Werk Meissners. Eine kleine Kapelle der Äbte ist über eine Steintreppe zu erreichen. Der Hochaltar (1688) mit einem Werk von Andreas Stech (1635–1697), dem Sohn des Malers Heinrich Stech aus Stolp, zählt zu den bedeutendsten Barockkunstwerken Polens. Das Gemälde im Mittelpunkt des Altares zeigt die Schutzheiligen der Kirche vor dem Zisterzienserkloster.

Szenen aus dem Leben des St. Bernhard schmücken die Rokokokanzel. Das Kirchengestühl ist reich geschnitzt, und stammt im nördlichen Bereich noch aus dem späten 16. Jahrhundert. Ein Holzaltar aus dem Jahr 1606 und ein Steinaltar aus dem Jahr 1635 blieben erhalten.

Hinter dem Dom außerhalb der Klostermauern liegt der **Palast der Äbte**, ein Schloß des Spätbarock (1754–56). Gelegentlich werden im Musiksaal noch Kammerkonzerte veranstaltet, doch im wesentlichen dient er heute zu Museumszwecken mit Bildern aus dem Leben und Häusern Pommerns und der Kaschubei. Im oberen Stockwerk des

Palasts sind Gemälde polnischer Künstler aus dem 20. Jahrhundert ausgestellt, die Richtungen und Tendenzen der polnischen Malerei nach dem Krieg vermitteln.

Einen Besuch wert ist auch die aus dem 16. Jahrhundert stammende Alte Schmiede am Oliwski-Bach (ul. Bytowska 1a) sowie die drei alten Mühlen. Längs der Podhalańska Straße sind noch Patrizierhäuser aus dem 18. und 19. Jahrhundert zu sehen. Sehr schön im Wald gelegen ist der große (100 ha) und attraktive Zoo von Oliwa mit über 600 Tieren aus aller Welt.

Vom Pacholek-Berg (101 m ü.d.M., dem früheren Karls-Berg) haben Sie einen schönen Ausblick über die Stadt und auf die Ostsee. Wanderwege führen bis nach Sopot.

Vom Zentrum liegt Jelitkowo, das frühere Glettkau, nur 3 km entfernt. Dieser Ort besitzt einen schönen Seestrand, ein Campingplatz und ein Hotel.

Rechts: Dom Oliva

Sopot

Wer nach Danzig kommt, sollte Sopot zumindest einen kurzen Besuch abstatten. Im 19. Jahrhundert war es das wohl berühmteste Seebad an der Ostseeküste. Wahrzeichen ist die 516 Meter in die Ostsee führende Mole, eine der längsten in Europa. Im Sommer flanieren dort die Touristen, an ihrer Spitze legen die Schiffe nach Gdańsk, Gdynia und Hel ab. Von der Mole hat man einen herrlichen Blick auf den kilometerlangen Sandstrand der Danziger Bucht. Hunderte Schwäne und Möwen tummeln sich im Wasser um die Mole. Sopot, das »modänste polnische Ostseebad«, hat freilich viel an Anziehungskraft für Touristen eingebüßt, seit an allen Stränden ein absolutes Badeverbot besteht. Das Seebad ist wie kaum ein anderer Küstenort Opfer der Umweltverschmutzung. So können wir uns nur als Spaziergänger an den Schönheiten der Danziger Bucht erfreuen.

Zwar wird Sopot schon im Jahr 1238 erwähnt, als Seebad nahm es jedoch erst zu Beginn des 19. Jahrhunderts seinen Aufschwung. Im Gefolge der napoleonischen Armee kam der französische Arzt Jean-Georges Haffner hierhin und gründete das erste Badehaus. Hotel und Badeanstalten folgten, 1824 das Kurhaus. Seit 1823 verband eine Pferdebahn Danzig und Zoppot (so die frühere deutsche Schreibweise).

Unmittelbar am Strand, neben der Mole, kündet das Grand Hotel, ein majestätischer Bau aus dem Jahr 1926, vom Glanz vergangener Zeiten. Nicht nur vor dem Krieg, sondern auch in den fünfziger und sechziger Jahren war es noch eine Attraktion, denn vom Hotel hat man direkten Zugang zum Strand, von den meisten Zimmern einen weiten Blick über die Ostsee.

Von der Mole führt eine Fußgängerallee, die ul. Bohaterów Monte Cassino (Straße der Helden von Monte Cassino) in den Ort hinauf. Cafés und Restaurants, Kunstgewerbe, Juweliere und viele andere Geschäfte machen die Straße zu einem Einkaufszentrum und beliebten Treffpunkt für Polen und Touristen. Im Haus Nr. 41 können Sie einen im Stil eines Wiener Caféhauses eingerichteten Lesesaal besuchen. Viele Polen halten sich hier gern auf; denn hier kann man Zeitschriften und Zeitungen aus zahlreichen Ländern auch der westlichen Welt lesen, manchmal spielt ein Klavierspieler dazu.

Links: Werbeplakat aus den 20er Jahren für die Seebäder in der Danziger Bucht

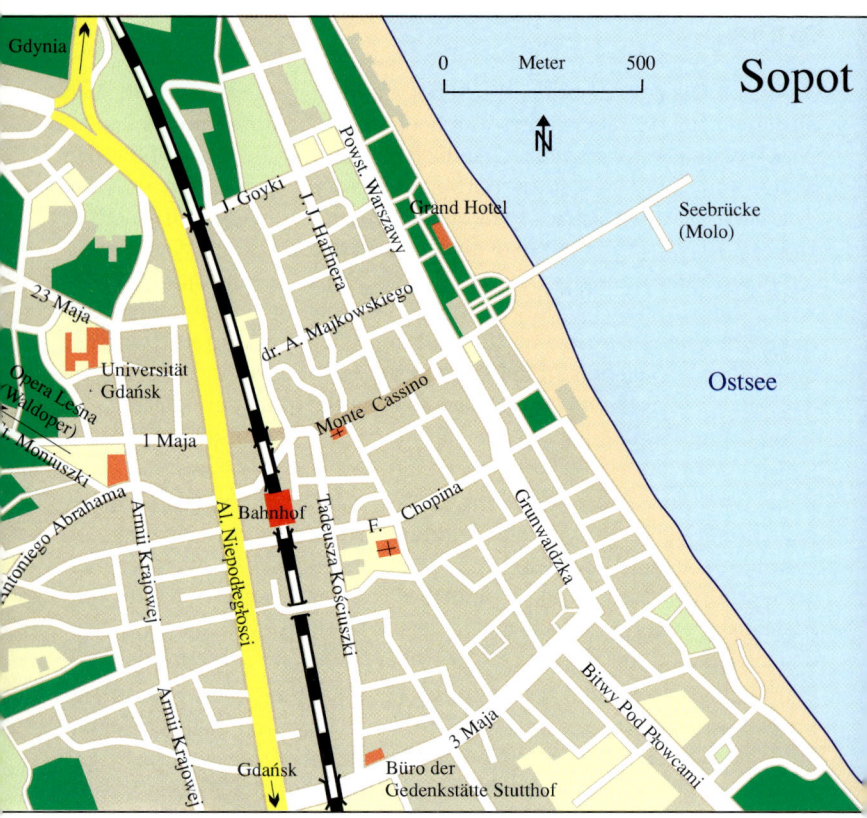

Einige alte Villen aus dem 19. und frühen 20. Jahrhundert künden vom Glanz vergangener Zeiten, so in der ul. Czyżewskiego ein gut erhaltenes Patrizierhaus aus dem frühen 19. Jahrhundert.

Inmitten der bewaldeten Höhen am Stadtrand von Sopot liegt die Opera Leśna, die Waldoper, in der jährlich im August das bekannte Internationale Liederfestival ausgerichtet wird. 5000 Besucher faßt die Oper, die 1909 gebaut und zu Beginn der sechziger Jahre modernisiert wurde. Früher war sie durch ihre Richard-Wagner-Festspiele bekannt.

Sopot verfügt über eine Pferderennbahn, Tennisanlagen in der Nähe des Strandes, eine Reitschule und seit 1990 auch wieder über ein Spielcasino.

Gdynia

Jahrhundertelang führte das kleine kaschubische Dorf Gdingen ein kaum beachtetes Schattendasein gegenüber seinen Nachbarn, der großen Stadt Danzig, dem traditionsreichen Kloster Oliva und dem Seebad Sopot. Im frühen Mittelalter lag hier eine kleine slawische Fischersiedlung. Noch Anfang unseres Jahrhunderts lebten hier kaum mehr als dreihundert Menschen.

In den zwanziger Jahren trat die kleine, inzwischen wieder polnische Ortschaft schlagartig in das Licht der Geschichte. Mit dem Vertrag von Versailles hatte Polen zwar nach mehr als 120 Jahren seine nationale und staatliche Identität wiedergewonnen, doch erhielt es nur einen kleinen Zugang zum Meer zugesprochen, den sogenannten Polnischen Korridor. 1922 beschloß das polnische Parlament den Bau eines neuen Hafens in Gdynia, da der Zugriff auf den Danziger Hafen nicht sicher genug schien.

Sechs Jahre dauerten die Bauarbeiten und mit dem Hafen wuchs die Stadt. 1926, als ihr das Stadtrecht verliehen wurde, war Gdynia noch ein Dorf. 1938 lebten hier bereits 120.000 Menschen, Gdynia war innerhalb eines Jahrzehnts zum größten Ostseehafen aufgestiegen.

Der Kriegsausbruch stoppte die Entwicklung abrupt. 1939 vertrieben die Nazis 50.000 Menschen aus der Stadt, in den umliegenden Wäldern von Krokowa bis Wejherowo wurden mehr als 12.000 ermordet.

Nach dem Zweiten Weltkrieg wurde die weitgehend zerstörte Stadt wiederaufgebaut. 250.000 Menschen leben heute hier. Sie ist eine typische, moderne polnische Großstadt. Freilich zeigt sich in der Architektur und im Stadtbild, daß es eine Stadt ohne die jahrhundertealte Tradition und Geschichte von Danzig oder vieler anderer Städte ist. Werft, Hafen und Fischerei bestimmen das industrielle Bild der Stadt. Dalmor – der größte Fischereibetrieb Polens – hat hier seinen Sitz. Drei Werften bauen und reparieren Schiffe.

Den besten Blick über Gdynia, den Hafen und die dortige Ostseeküste bietet Kamienna Góra, eine 52 Meter hohe Erhebung mit Café, die vom Stadtzentrum mit dem Auto, aber auch zu Fuß über die ul. Mickiewicza gut erreichbar ist. Von hier ist der Weg zum südlichen Pier des Hafens nur kurz. Dabei kommen Sie beim Bulwar Nadmorski am Museum der Kriegsmarine vorbei, das von der Zeit der ersten slawischen Besiedlung vor eintausend Jahren, des Deutschen Ritterordens, des polnischen Königreichs bis heute die Entwicklung der Kriegsmarine dokumentiert.

Café in Sopot

Im Stadtzentrum reicht die Grünanlage Skwer Kościuszki bis an die Mole, die Anlegestelle der Ausflugsschiffe nach Sopot, Gdańsk und Hel. Hier können Sie auch eine Hafenrundfahrt buchen.

Die **Hafenrundfahrt** führt vorbei am Pier der Fischkutter und dem Pier für Passagierschiffe. Einmal im Monat legt die MS »Stefan Batory« in Richtung Kopenhagen, Hamburg, Rotterdam und Montreal zur Ozeanüberquerung ab. Das Schiff fährt vorbei an den Stückgutumschlaganlagen und den Werftanlagen der »Pariser Komune« und dann haben Sie einen Blick auf den modernen und größten Containerterminal Polens, der erst in den achtziger Jahren errichtet wurde.

In der Nähe der Anlegestelle liegt das Museumsschiff »Błyskawica« vor Anker, ein Zerstörer aus dem zweiten Weltkrieg, 1909 in Hamburg gebaut und seit 1930 unter polnischer Flagge. Daneben das Museumssegelschiff »Dar Pomorza«, das seit 1969 als Trainingsschiff genutzt wird. Als »Die schönste Fregatte der Welt« bezeichnet es ein polnischer Prospekt.

Der südliche Pier führt in das General-Zaruski-Yacht-Bassin, in dessen Nähe das Gebäude des Fischerei-Instituts und der Maritimen Hochschule herausragt. Hier befindet sich auch das Meeresaquarium und das Ozeanographische Museum. Das Aquarium zeigt Fische und Seetiere aus der Ostsee und anderen Meeren sowie Süßwasserfische aus den Tropen und Subtropen. Attraktion ist ein Fisch aus Afrika, der mit Lunge und Kiemen atmet und bis zu vier Monate außerhalb des Wassers verbringen kann. Das Ozeanographische Museum vermittelt gute Eindrücke von der Topographie und Verteilung der Tierwelt der Ostsee sowie dem maritimen Leben in anderen Zonen.

☞ **Centralne Muzeum Morskie – Außenstelle Gdynia/ Museumschiff »Dar Pomorza«, Tel.: 0-58-202371, Öffungszeiten Sommersaison täglich 10-18 Uhr, außerhalb der Saison Di-So 10-16 Uhr.**

Wie Gdańsk war auch Gdynia im Jahr 1970 Zentrum politischer Unruhen und der Streiks im August 1980. Zur Erinnerung an die verfolgten Arbeiter wurde hier ebenfalls ein Denkmal errichtet.

Nördlich des Hafens, am 60 Meter hohen Ufer, beim Stadtteil Oksywie, lag in früher Zeit eine Wehrsiedlung der Slawen. Vom dortigen Friedhof an der historischen Kirche hat man eine gute Aussicht auf die Stadt und die Danziger Bucht. Vier Kilometer nördlich liegt eine tiefe Schlucht, Babi Dół, die zur Ostsee abfällt. Hier haben polnische Einheiten bis zum 19. September 1939 gegen die deutschen Invasoren Widerstand geleistet. Gdynia ist Touristen auch als Einkaufszentrum zu empfehlen. An der ul. Swiętojańska gibt es viele attraktive Kunstgewerbeläden, Buchhandlungen, Schallplattenläden und Boutiquen.

Folgende Doppelseite: Kuźnica auf der Halbinsel Hel

Die Halbinsel Hel

Wie eine Sense ragt die Halbinsel Hel in die Danziger Bucht hinein. 34 km lang ist sie von Władysławowo bis zur Spitze, zum Ort Hel und stellenweise lediglich 200 Meter breit. Selbst an der breitesten Stellen beträgt die Entfernung von Ufer zu Ufer nicht mehr als drei Kilometer.

Am günstigsten erreicht man die Halbinsel mit dem Schiff. Von der Anlegestelle am Grünen Tor in Gdańsk dauert die Fahrt zwei Stunden. Noch günstiger ist es, von Sopot oder Gdynia abzulegen, denn die Reise dauert dann nur etwas mehr als eine Stunde. Sie haben so mehr Zeit, um an den schönen Sandstränden zu baden, denn anders als in Gdańsk, Sopot und Gdynia besteht an der seeseitigen Küste der Halbinsel kein Badeverbot. Zeit genug bleibt auch, um im kleinen Ort (4000 Einwohner) an der Hauptstraße an den alten Fischerhäuschen aus dem frühen 19. Jahrhundert vorbei zu schlendern oder die gotische St.-Peter-und-Paul-Kirche aus dem 15. Jahrhundert am Ufer der Bucht direkt neben dem Hafen zu besichtigen. Zu empfehlen ist auch das kleine Fischereimuseum in der Nähe. Hier sind zwei alte Barkassen vom Frischen Haff und andere alte Fischerboote und Werkzeuge der Fischer aus früheren Jahrhunderten ausgestellt. Wer die gesamte Halbinsel kennenlernen will, kann mit dem Auto reisen. Von Gdańsk über Sopot und Gdynia biegen Sie in Reda von der Hauptverkehrsstraße E6 nach rechts in Richtung **Puck** ab, einem kleinen Fischerei- und Segelboothafen. Im Ort sind noch eine gotische Kirche aus dem 14. Jahrhundert und historische Häuser aus dem 18. Jahrhundert erhalten. Weiter kommen Sie durch Swarzewo, ein altes kaschubisches Dorf und Wallfahrtsort der kaschubischen Fischer mit interessanten Hütten aus dem 18. Jahrhundert. In Władysławowo biegt die Straße nach rechts in die Hel-Nehrung. 34 km führt die Straße durch die schmale Halbinsel, zeitweilig sehen Sie gleichzeitig rechts die Bucht von Puck und links die offene Ostsee. Durch windzerzauste Kiefernwälder, an mit Disteln bewachsenen Sanddünen vorbei, durch kleine Fischerdörfer, Chałupy, Kusznica, Jastarnia, Jurata erreichen Sie **Hel,** das Städtchen an der Spitze – immerhin 100 km von Gdańsk entfernt.

Erst nach dem Zweiten Weltkrieg wurde mit dem Bau der Straße begonnen und auch die Eisenbahnlinie ist noch keine siebzig Jahre alt. Die Halbinsel selbst hat durch Sand und Meeresströmung in den letzten Jahrhunderten viele Änderungen erfahren. Die Landkarte eines schwedischen Kartographen aus dem Jahr 1696 zeigt die Hel-Nehrung an

Fischereimuseum Hel

sechs Stellen unterbrochen. Noch in diesem Jahrhundert hat das Meer bei kräftigen Stürmen mehrfach die Halbinsel durchtrennt.

Heute wie seit Jahrhunderten leben auf Hel hauptsächlich Fischer, die ihren Fang in die Dreistadt bringen. Im Frühjahr wurde Lachs gefischt, dann Flundern und auch Hering. Im September ging es mit Reusen auf Aalfang. Im Winter wurden auf dem Eis der Bucht Seehunde gejagt. Heute jedoch gibt es in der Bucht bei Puck kaum noch Fische, die in den Gewässern überleben können. Selbst in den Zeiten, als Hel zu Preußen bzw. dem Deutschen Reich gehörte – von den polnischen Teilungen bis zum Ende des Ersten Weltkriegs –, lebten auf der Halbinsel ganz überwiegend Polen und Kaschuben. Bei einer Volkszählung im Jahr 1910 waren z.B. von den 465 Einwohnern Jastarnias 306 Polen, 153 Kaschuben und nur sechs Deutsche. Auf der lange Zeit abgeschiedenen Halbinsel haben sich bis heute noch Überreste der alten pommerellischen Sprache erhalten.

Weichselnehrung und Bernsteinküste

Von den Karpaten zieht sich die Weichsel über Tausend Kilometer quer durch Polen, vorbei an den bedeutendsten Städten des Landes: Kraków – bis zum 16. Jahrhundert die Hauptstadt Polens – Sandomierz, Warschau, Płock, Toruń, Bydgoszcz.

Bis zum Jahr 1840 mündete die Weichsel direkt im Zentrum Danzigs in die Ostsee, in der Nähe der Festung Weichselmünde (Wisłoujście). In der Nacht zum 1. Februar 1840 kam es jedoch zu einer Naturkatastrophe. Ein riesiger Eisstau in der Nähe der Ortschaft Płonia versperrte den Abfluß in Richtung Danzig. Der Wasserspiegel des Flußes stieg enorm an, durchbrach bei Górki die Weichselnehrung, die hier nur wenige hundert Meter breit war, und ergoß sich in die Ostsee. So entstand ein neuer Arm, der seitdem »Kühne Weichsel« (Smiała Wisła) genannt und für einige Jahrzehnte zur Hauptmündung der Weichsel in die Ostsee wurde.

Zwischen 1889 und 1895 wurde einige Kilometer davor ein neuer künstlicher, 7,1 km langer Arm der Weichsel geschaffen, der nördlich von świbno in die Danziger Bucht mündet. Der neue Flußlauf, Weichseldurchstich (Przekop Wisły) genannt, verkürzte den Flußlauf um 24 km. Gleichzeitig wurden Schleusen angelegt, die den alten Flußlauf nach Danzig in einen toten Arm verwandelten. Seither trägt die Weichsel im Danziger Stadtgebiet bis zur Mündung an der Westerplatte den Namen »Tote Weichsel« (Martwa Wisła).

Auch heute ist der Flußlauf der Weichsel kaum reguliert. Vor der Mündung liegt bewegliches Geröll, das sich mit wechselnder Geschwindigkeit ansammelt und große kegelförmige Sandbänke bildet. Da die Sandbänke und Flachstellen ihre Lage ständig ändern, ist Schiffsverkehr über die künstliche Mündung in den Hafen von Gdańsk nicht möglich, er erfolgt durch Schleusen über die Tote Weichsel.

Spaziergänge an der Weichselmündung

Lohnenswert sind Spaziergänge an der Kühnen Weichsel, Smiała Wisła. Am linken Ufer ermöglicht in der Nähe des Danziger Stadtteils Górki Zachodnie eine 22 Meter hohe Sanddüne einen herrlichen Ausblick auf die im 19. Jahrhundert entstandene Deltaebene mit ihren lagunenartigen Gewässern. Auf der gegenüberliegenden Flußseite liegt Górki Wschodnie mit einer kleinen Schiffswerft. Am Rand dieses Ortes beginnt das Vogelreservat Ptasi Raj, Lebensraum unzähliger Wasser- und Sumpfvögel: Haubentaucher, Kiebitze, Strandläufer, Wasserhühner, verschiede-

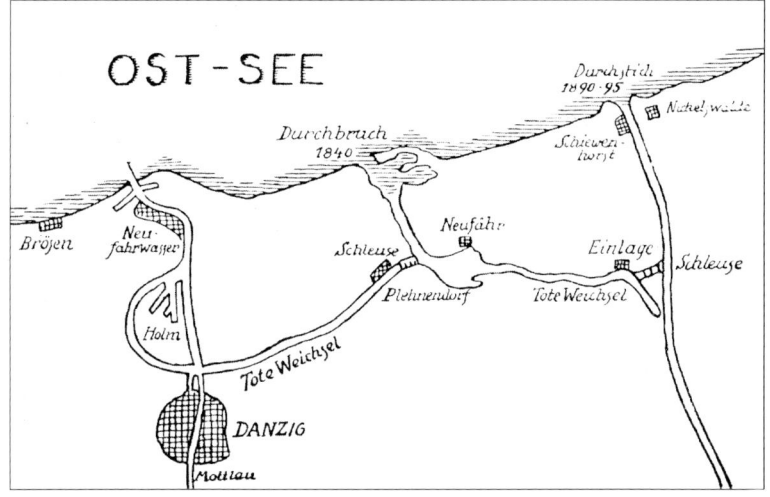

Tote Weichsel, Weichseldurchbruch und Weichseldurchstich

ne Entenarten, Schwäne, graue Reiher, aber auch Raubvögel, wie Habicht, Mäusefalke und Sumpfgeier.

Das linke Ufer der Kühnen Weichsel erreichen Sie am besten vom Stadtteil Stogi zu Fuß entlang des Strands oder durch den Wald. Die Buslinie 111 fährt direkt nach Gorki Zachodnie.

An das rechte Ufer der Kühnen Weichsel gelangen Sie über Sobieszewo mit der Autobuslinie 112 bzw. 186 oder mit dem Auto über die Aleja Leningradzka in Richtung Elbląg fahren. Zur Linken liegt die große Raffinerie. Einige Zeit später biegen Sie von der Hauptstraße links ab und erreichen nach drei Kilometern Sobieszewo. Eine altertümliche Pontonbrücke führt über die Martwa Wisła. Dahinter ist es nach links nur noch ein kurzer Weg bis zur Ortschaft Gorkie-Wschodnie am rechten Ufer der Kühnen Weichsel. Einen schönen Spaziergang können Sie über den Steindeich unternehmen, der den See Ptasi Raj von der Ostsee trennt.

Górki Wschodnie hat den Charakter einer kleinen Fischersiedlung auch heute noch bewahrt. Ein kleiner Hafen für Fischerboote und Kutter prägt das Bild der Ortschaft, die seit 1973 Stadtteil von Gdańsk ist und in der eine ornithologische und eine biologische Forschungsstation ihren Sitz haben.

Die Bernsteinroute von Sobieszewo bis Krynica Morska

Sobieszewo ist ein schön gelegenes Seebad auf den Dünen der Weichselnehrung, einer der östlichsten Stadtteile von Gdańsk. Eine hübsche Barockkirche aus dem frühen 17. Jahrhundert und ein kleines Heimatmuseum zur Erinnerung an den Dichter und Geographen Wincenty Pol (1807-1872) laden zum Besuch ein.

Hinter der Pontonbrücke geht der Weg nach rechts zwischen Ostseeküste und der fast parallel dazu verlaufenden Toten Weichsel über die Weichselnehrung. Die Autostraße führt durch kleine Wälder und über Sanddünen, die höchste Sanddüne in Sobieszewo ist sogar mehr als dreißig Meter hoch. Nach wenigen Kilometern erreichen Sie die Ortschaft Świbno, eine kleine Fischersiedlung am Ufer der Weichsel (Przekop Wisły, Weichseldurchstich), und heute der östlichste Stadtteil von Gdańsk. Hier führt im Sommer eine alte Autofähre (kostenlos!) über die Fluß.

Einen guten Eindruck von den Naturkräften im Danziger Werder gewinnen Sie bei einem Spaziergang von der Anlegestelle der Autofähre bei Świbno am linken Ufer der Weichsel entlang bis an die Mündung (ca. 1-2 km). Der Weg führt zunächst durch den Wald am Flußufer entlang und dann über die Sanddünen. An der Mündung arbeitet eine Station des Instituts für Meteorologie und Wasserwirtschaft, die systematisch die Veränderungen des Flußlaufs und der Sandbänke erfaßt.

Unser Weg führt uns über die Weichsel, weiter an der Weichselnehrung entlang bis zum Frischen Haff. Am rechtsseitigen Weichselufer ist die Station einer Schmalspurbahn, »Jantar Express«. Sie verbindet Mikoszewo mit Jantar, Stegna und Sztutowo und ist eine große Attraktion für die Kinder.

Die Straße verläuft in einer Entfernung von 1-2 km parallel zur Ostsee durch waldreiches Gebiet. Die kleinen Orte haben den Charakter von Fischerdörfern nicht verloren. Kinderferienheime, Erholungsheime von Betrieben, Campingplätze und immer häufiger kleine Ferienhaussiedlungen, oft Holzhäuser mit nur zwei oder drei Räumen, ermöglichen einen Urlaub an der See, wie er bei uns kaum noch zu finden ist. Betonburgen und Hochhäuser gibt es nirgends, grundsätzlich wurde nicht an den Strand herangebaut. Hinter Fichten- und Tannenwäldern und bis zu dreißig Meter hohen Dünen erstreckt sich der herrliche

Rechts: Bernsteinverkäufer auf der Langgasse in Danzig

Sandstrand: von Danzig – nur durch die drei Weichselmündungen unterbrochen – fast 80 km bis hin zur russischen Grenze.
Bernsteinküste heißt dieser Teil des Baltischen Meeres. Hier findet man Jantar (Bernstein), das »Gold der Ostsee«, besonders häufig. Zu Zeiten der Herbst- und Winterstürme können Sie auch heute noch gelegentlich gute Funde machen. Doch gibt es längst nicht mehr soviel wie noch vor einigen Jahrzehnten.
Vorbei geht es an den kleinen Orten Jantar, Junoszyno und Stegna. Stegna ist Sitz des Gemeindeamts und größter Ort in der Umgebung, Ausgangspunkt einer Bahnverbindung nach Nowy Dwór und der Straße nach Elbląg, Malbork und dann weiter nach Warschau. Beachtenswert ist in Stegna eine Kirche aus dem Jahr 1682.

Stutthof –
Ein düsteres Kapitel deutscher Geschichte

Kurz hinter Stegna führt die Straße an einer Stätte des Grauens vorbei, am ehemaligen Konzentrationslager Stutthof. Kurz vor dem kleinen Ort Sztutowo stand früher inmitten eines Fichten- und Tannenwalds ein Altersheim. Genau an dieser Stelle begannen die Nazis am 2. September 1939, einen Tag nach Kriegsbeginn, mit dem Bau des Konzentrationslagers. Teile des Lagers sind erhalten und dienen heute als Museum.
Stutthof war das erste auf polnischem Boden gebaute KZ, und es bestand am längsten, ehe es am 10. Mai 1945 aufgelöst wurde. Terror, Mord und Vernichtung wurden systematisch geplant und betrieben.
Zu sehen sind heute noch die Villa des Lagerkommandanten, der mit seiner Familie in unmittelbarer Nachbarschaft der Vernichtungsmaschinerie lebte, das Wachhaus, die Kommandantur, sauber und ordentlich, dahinter symmetrisch angeordnet Baracken, Hospital und dann das Krematorium, die Gaskammer und der Galgen.
Schon Mitte August 1939 mußte eine Gruppe von Häftlingen aus dem Danziger Gefängnis Schießstange, von SS-Männern bewacht, das Gelände einzäunen und provisorische Baracken errichten. In der Nacht des Kriegsbeginns, am 1.9.1939, wurden in der Freien Stadt Danzig 1500 Menschen mit Hilfe vorbereiteter Listen verhaftet. Zumeist waren es Danziger Bürger polnischer Nationalität. Einen Tag später wurde der erste Transport von rund 250 Gefangenen auf das vorbereitete Gelände in Stutthof gebracht.

Kommandantur des KZ Stutthof, heute Verwaltung der Gedenkstätte

Anfangs war Stutthof ein Lager für Zivilgefangene, dann ein Arbeitslager (»Sonderlager Stutthof«), das der Danziger Polizei unterstand. Ab November 1941 wurde das Konzentrationslager Stutthof offiziell dem »Reichsführer SS« Heinrich Himmler unterstellt und erheblich ausgebaut. 1942 wurde ein Krematorium errichtet. Der Friedhof Saspe in Danzig-Langfuhr, in dem die meisten, die in Stutthof zu Tode kamen, begraben wurden, reichte nicht mehr aus. Anfang 1944 wurde die Gaskammer gebaut. Stutthof wurde damit zu einem Vernichtungslager größeren Ausmaßes.

Wer arbeitsfähig war, wurde zu äußerst schweren Arbeiten herangezogen, zum Teil im Lager, zum Teil aber auch bei Firmen in der Umgebung, z.B. bei der Schichau- und der Danziger Werft. Hunger, Arbeit, Schläge und Krankheiten richteten Tausende zugrunde. Ungezählte starben durch die sogenannte »Sonderbehandlung«: Genickschuß, Gaskammer, Krematorium oder Scheiterhaufen. Die Geschichte des Konzentrationslagers Stutthof ist auch die der öffentlichen Exekutionen, die einzeln oder massenhaft durchgeführt wurden. So wurden am 22. März 1940 67 Vertreter der Danziger Intelligenz erschossen: Journalisten, Pfarrer, Rechtsanwälte, Parlamentsabgeordnete, ein ehemaliger Direktor der Polnischen Post, ein Rektor der polnischen Kirche in Danzig-Langfuhr. Auch durch Erhängen am Galgen wurden öffentlich Todesurteile im KZ vollstreckt. Die Anlässe für solche Todesurteile und Morde waren willkürlich und nichtig: Etwa das Abhören eines Feindsenders oder das Sprechen der polnischer Sprache.

Am 22. Januar 1945, als die Rote Armee immer näher rückte, begann die Evakuierung des Lagers. In Marschkolonnen von 1000 Menschen begann für 25.000 Gefangene ein »Todesmarsch« über Pruszcz, Żukowo, Łebno in die Gegend zwischen Wejherowo und Lębork. Viele starben unterwegs, verhungerten, erfroren. Auch sehr viele derjenigen, die im Lager verblieben, überlebten nicht, starben den Hungertod, an Epidemien, oder bei der letzten Evakuierung auf dem Seeweg.

Nach dem Krieg wurden einige Täter und Mordgehilfen zur Rechenschaft gezogen. Der erste Kommandant des KZ Stutthof, Max Pauly, wurde von einem englischen Gericht verurteilt und im ehemaligen KZ Neuengamme hingerichtet. Der zweite Kommandant, Paul Werner Hoppe, wurde zehn Jahre nach Kriegsende in der Bundesrepublik erst zu fünf Jahren, im Revisionsverfahren zu neun Jahren Gefängnis verurteilt. In Polen wurden der Gauleiter Albert Forster und der SS- und Polizeiführer für Danzig-Westpreußen, Richard Hildebrandt, die unmittelbaren Vorgesetzten der Kommandanten des KZs, zum Tode verurteilt. Auch viele andere, die im Lager an Morden und Verbrechen beteiligt waren, erhielten die Todesstrafe oder hohe Haftstrafen. In der Bundesrepublik fanden hingegen nur wenige Prozesse im Zusammenhang mit Stutthof statt, sie endeten zumeist mit geringen Strafen oder sogar mit Freisprüchen (z.B. in Tübingen für den Bediener der Gaskammer).

Stutthof ist heute ein Mahnmal des Schreckens, Erinnerung an eines der düstersten Kapitel deutscher Geschichte und untrennbar mit der untergegangenen »Freien Stadt Danzig« verbunden.

☞ **Muszeum Stutthof, Biuro Obsługi Zwiedzających Muzeum Stutthof, 82-110 Sztutowo woj. elbląskie, geöffnet täglich außer Montags, 1. Mai bis zum 30. September 8-18, 1. Oktober bis zum 30. April 8-15. Bei Besuch durch größere Gruppen wird um Anmeldung gebeten.**

Das Frische Haff

Bei Kąty Rybackie erreichen wir das Ufer des Frischen Haffs. Die alte Fischersiedlung – erstmals 1643 erwähnt – liegt an der Grenze des Dünenwalls der Weichselnehrung und des sumpfigen Geländes des Haffs. In der Nähe befindet sich ein Naturschutzgebiet inmitten eines alten Fichtenwalds. In den Schilfufern des Frischen Haffs nisten Grau-

Eissport auf dem Frischen Haff

reiher und Kormorane. Die Weichselnehrung wird hier sehr schmal, ist oft nur wenige hundert Meter breit.

Krynica Morska, früher Kahlberg, 56 km von Gdańsk entfernt, ist der bedeutendste Urlaubsort am Frischen Haff mit Erholungs- und Ferienheimen, sowie Campingplätzen. In den sechziger und siebziger Jahren wurden hier viele Ferienhäuser errichtet; dies hat zu einer beträchtlichen Zersiedlung auch der Dünenlandschaft geführt. Vor einiger Zeit wurden Mineralquellen entdeckt und man begann mit dem Bau von Sanatorien und Kuranlagen.

Alter Markt in Elbing

Nur noch zwei kleine Ortschaften, Ptaszkowo und Piaski, liegen östlich von Krynica Morska an der Weichselnehrung. Wenige Kilometer entfernt befindet sich dann die Grenze zu Litauen. Hier, wie im ganzen nordöstlichen Teil Polens, gibt es freilich derzeit keinen für Touristen geöffneten Grenzübergang.

Von Krynica Morska erreichen Sie mit dem Dampfschiff Frombork (eineinhalb Stunden Fahrzeit) und Elbląg (zweieinhalb Stunden Fahrzeit), das andere Ufer des Haffs und können interessante Eindrücke von einer seltenen geologischen Landschaft gewinnen.

Das Frische Haff (Zalew Wiślany) ist ein flaches, lagunenartiges Gewässer, in dem sich das Süßwasser der Flüsse mit dem Salzwasser der Ostsee mischt. Es hat eine Größe von 832 qkm, von denen aber lediglich 328 qkm auf polnischem Gebiet liegen. Die durchschnittliche Tiefe beträgt 2,8 Meter, maximal ist das Haff fünf Meter tief. Bei Krynica

Morska ist es noch einhundert Meter vom Ufer entfernt nicht mehr als eineinhalb Meter tief. Im Wasser leben Seefische, aber auch Süßwasserfische wie Barsche, Hechte und Zander.
Besonders attraktiv ist das Frische Haff im Winter; denn von Ende Dezember bis Mitte März ist es in der Regel mit einer 40 cm starken Eisdecke bedeckt und ein Zentrum des Eissegelsports.

Frombork

103 Kilometer von Gdańsk entfernt liegt am Frischen Haff die Kleinstadt Frombork, früher Frauenburg. Über Krynica Morska ist sie mit dem Schiff, von Danzig gut mit dem Auto über Elbląg erreichbar. Um 1270 wurde hier auf einem Dünenberg eine Burg errichtet, die Siedlung wurde erstmals 1278 erwähnt. Zwischen 1512 und 1542 lebte und arbeitete hier der weltberühmte Astronom Nikolaus Copernikus. Hier schrieb er sein bedeutendstes Werk »De revolutionibus orbium coelestium« (»Über die Umdrehungen der Himmelskörper«), mit dem er die damaligen Vorstellungen über das Weltall grundlegend veränderte. Im Palais der Bischöfe von Warmia können Sie das Nikolaus-Copernikus-Museum besichtigen. Im Hof des gotischen Doms von Frombork, der aus dem 14. Jahrhundert stammt, befanden sich im Copernikus-Turm das Arbeitszimmer und die Wohnung des Astronomen. Im nahegelegenen Radziejowskie-Turm ist ein astronomisches Observatorium untergebracht. Der gotische Dom aus dem 14. Jahrhundert ist auch wegen seiner barocken Altäre und der Grabplatten sehenswert. Die Orgel stammt aus dem Jahr 1683.

Elbląg

Die Stadt wurde 1237 vom Ritterorden gegründet und im zweiten Weltkrieg sehr stark zerstört. Bis 1945 war hier der Hauptsitz der Schichau AG, eines großen Unternehmens mit Werften in Elbing, Danzig und Königsberg. Ehemalige Beschäftigte bauten nach dem Krieg die Schichau-Werft in Bremerhaven neu auf.
Reste der alten Kreuzritterburg sind noch zu sehen und werden derzeit restauriert. Sehenswert ist die renovierte Kirche St. Nikolai aus dem 13. Jahrhundert mit einem wertvollen Taufbecken (1387), Kruzifix (1410) und Altar (16. Jahrhundert).

Malbork, die Marienburg

Malbork liegt 54 Kilometer von Gdańsk entfernt und ist über die Autostraße Richtung Nowy Dwór oder Pruszcz-Gdański, Tczew und auch mit der Eisenbahn gut zu erreichen.

Die Marienburg, die größte und mächtigste Ritterburg Europas, war von 1309 bis 1457 Hauptsitz des Deutschen Ordens. Der polnische Literaturnobelpreisträger Henryk Sienkiewicz (1846-1916) läßt uns in seinem Roman »Krzyżacy« (»Kreuzritter«) aus dem Jahr 1900 nacherleben, welchen Eindruck die Ordensburg kurz vor der entscheidenden Schlacht zwischen Polen und dem Ritterorden erweckte:

»Mit dieser Festung, die aus einem Hochschloß, einem Mittelschloß und einer Vorburg bestand, konnte keine andere Feste auf der ganzen Welt auch nur annähernd verglichen werden. Schon von weitem, während sie auf der Nogat stromanwärts fuhren, erblickten die Ritter die mächtigen, sich gegen den Himmel abzeichnenden Bastionen... da schimmerten im Sonnenlicht die Zinnen der Kirche auf dem Hochschloß und die mächtigen Mauern der sich übereinander türmenden Bauten, die teils ziegelrot leuchteten, jedoch überwiegend mit jenem berühmten weißgrauen Gemisch bedeckt waren, das nur die Maurer der Kreuzritter zuzubereiten verstanden.

Die ungeheure Größe und Mächtigkeit der Burg übertraf alles, was die polnischen Ritter bisher gesehen hatten. Dem Auge schien es, als wüchsen dort die Gebäude aufeinander und ineinander, so daß man den Eindruck hatte, in diesem von Natur flachen Land plötzlich einen riesigen Berg zu erblicken, dessen Gipfel die Altburg und dessen Abhänge die weitausgedehnte Vorburg bildeten. Von diesem riesigen Horst der bewaffneten Mönche strahlte eine solche Macht und Kraft aus, daß sogar das düstere Antlitz des Hochmeisters sich bei diesem Anblick ein wenig erhellte.

›Ex luto Marienburg – die aus Morast entstandene Marienburg‹, sagte der Hochmeister, zu Zyndram gewandt, ›aber diesen Morast wird keine Menschenmacht zerstören können.‹ Nach einer kleinen Pause fügte der Hochmeister Konrad von Jungingen zu den polnischen Gästen hinzu: ›Herr, Ihr versteht Euch doch vortrefflich auf Befestigungsbauten; was haltet Ihr von diesem Bauwerk?‹ –

›Die Feste scheint mir uneinnehmbar‹, erwiderte der polnische Ritter wie in Gedanken, ›aber...‹ – ›Aber was? Was habt Ihr an diesem Bau auszusetzen?‹ – ›Aber jede Festung kann ihren Herren wechseln.‹«

Die Marienburg

Noch heute ist der Besuch der imposanten Burg am Ufer der Nogat, des östlichen Mündungsarmes der Weichsel, ein Erlebnis, ein Ausflug in eine lange zurückliegende Geschichtsepoche. Die Burg brannte im Zweiten Weltkrieg aus und wurde weitgehend zerstört. Die Polen haben sie, einst Sitz ihres Todfeindes, in beeindruckender Weise wieder aufgebaut, rekonstruiert und zugleich in ein interessantes Museum umgewandelt.

Die Marienburg besteht aus drei Komplexen. Die Hochburg wurde bereits im 13. Jahrhundert errichtet (1272–1300). Im Nordflügel befanden sich der Versammlungssaal des Konvents, Kapelle, Archiv und Kanzlei. Über dem Versammlungszimmer war ein Schlafraum, im Erdgeschoß Gästezimmer und ein Gefängnis. Mit der Verlegung des Hauptsitzes des Ritterordens von Venedig nach Marienburg waren erhebliche Erweiterungen notwendig. Die Hochburg wurde beträchtlich verändert und ausgebaut. Der Ostflügel und damit ein von allen Seiten umbauter Innenhof entstand. Der Innenhof ist im Erdgeschoß von Arkaden und im ersten Geschoß von einem Kreuzgang umgeben.

Zwischen 1310 und 1400 wurde die Mittelburg gebaut. Ein besonders beeindruckendes Werk der damaligen Baukunst ist der Große Speisesaal (Rittersaal oder auch Remter), der zwischen 1318 und 1324 entstand. Der 30 Meter lange und 15 Meter breite Saal wird von einem durch drei Granitsäulen gestützten Gewölbe wie ein Baldachin bedeckt. Die Kapelle der Jungfrau Maria wurde bis 1344 zu einer Schloßkirche ausgebaut, die durchaus den Vergleich mit vielen anderen Domkirchen der damaligen Zeit standhält. Unterhalb der großen Kirche wurde die St.-Anna-Kapelle mit reich geschmückten Portalen errichtet.

Im Verlauf des 14. Jahrhunderts wurde auch die Niederburg, die zur neuen Vorburg wurde, mit vier nördlichen und sieben östlichen Basteitürmen gebaut. Über die Nogat legten die Ritter eine auf beiden Ufern mit mächtigen Wehrtürmen versehene Brücke.

Etwa Mitte des 14. Jahrhunderts war die gesamte Marienburg – Hochburg, Mittelburg und Niederburg – von einer gemeinsamen Mauer und einem Graben umschlossen. Die Hoch- und Mittelburg waren zusätzlich noch mit Mauern, Gräben und Falltüren gesichert.

Sehr spät erst entstand der Bau des Palastes der Hochmeister am Einfahrtstor zur Hochburg. Er gehört zu den beeindruckendsten Schöpfungen gotischer Architektur im Nordosten Europas. Beachtenswert sind besonders der Sommer- und der Winterremter mit hohen Sterngewölben, die nur von einzelnen schlanken Granitsäulen getragen werden. 1399 hatte die Marienburg ihre endgültige Form erhalten. In den folgenden Jahren wurden nur noch kleinere Erweiterungen und Veränderungen an den Mauern und Türmen vorgenommen.

Nur elf Jahre später, am 15. Juli 1410, erlitt der Ritterorden in der Schlacht bei Grunwald gegen die polnisch-litauischen Truppen eine vernichtende Niederlage. Das Heer des polnischen Königs zog von dort weiter zur Marienburg, in der sich mehr als 4000 Ritter unter dem Hochmeister Heinrich von Plauen verschanzt hatten. Obwohl die Burg mit Geschützen beschossen wurde, hielten die Mauern stand. Noch fast ein halbes Jahrhundert waren die Ordensritter Herren auf der Marienburg, bis sie im 13-jährigen Krieg (1453–1466) die Burg engültig aufgeben und sich nach Königsberg zurückziehen mußten. Im Friedensschluß von Toruń (Thorn) wurde die Ordensburg dem polnischen Königreich zugesprochen. Für drei Jahrhunderte waren hier wichtige polnische Verwaltungen, zeitweilig auch eine Königsresidenz untergebracht. In den schwedischen Kriegen wurde Malbork wiederholt belagert und besetzt. 1772, mit der ersten polnischen Teilung fiel die Marienburg an Preußen, das zeitweilig aus der Burg eine Kaserne machte und die gotischen Fenster zumauerte. Infolge der Ergebnisse der Volksabstim-

mung verblieb sie auch nach dem Ersten Weltkrieg innerhalb der Grenzen des Deutschen Reichs. Nach dem Zweiten Weltkrieg fiel die zerstörte Marienburg dann wieder zurück an Polen.
1961 wurde das Burgmuseum eröffnet. Im Großen Rittersaal zeigt eine Ausstellung Waffen aus dem 14.–19. Jahrhundert, eine beeindruckende Bernsteinausstellung ist im Ostflügel untergebracht. Das Erdgeschoß des Palastes enthält eine Ausstellung zur archäologische Entwicklung des Weichseldeltas. In anderen Räumen lernen Sie die Geschichte der Marienburg in der polnischen Periode besser kennen. Sehenswert sind auch die Danziger Möbel, sowie die ausgestellten Stücke des pommerschen Schmiede- und Gießereigewerbes.

☞ **Im Sommer werden auf den Burghöfen häufig abends Licht- und Tonspiele »Mit Kreuz und Schwert« aufgeführt. Museum und Schloß sind täglich außer montags von 9 bis 17 Uhr geöffnet.**

Die Kaschubische Schweiz

Westlich von Danzig erstreckt sich eine schöne seen- und waldreiche Moränenhügellandschaft. Sie ist ein beliebtes Erholungsgebiet und Zentrum der kaschubischen Folklore.
Die Kaschuben, ein slawischer Stamm, siedelten in der Gegend um Danzig und in Pommern. Noch im 18. und 19. Jahrhundert ist in einigen Zentren kaschubisch gesprochen und in den Kirchen kaschubisch gepredigt worden. Die Kaschuben bewahrten gerade gegenüber dem protestantisch-deutschen Staat in erstaunlicher Weise ihre Identität, wie eine »Geschichte der Kaschuben« (F. Lorentz) berichtet: »Stark veränderte sich die Gesinnung der Kaschuben gegen die preußische Regierung durch den 1872 beginnenden Kulturkampf. Der Kaschube ist von tiefer Religiosität, besonders die Person des Pfarrers ist ihm ein Gegenstand der Ehrfurcht und Verehrung. Bis zum Beginn des Kulturkampfes hatte er der Regierung voll vertraut, im Volk war sogar die Ansicht verbreitet, daß der (preußische) König katholischer Konfession sei. Als nun das Volk den Gendarm gegen seinen Pfarrer einschreiten sah, verlor es mit einem Schlage sein bisheriges Vertrauen zur Regierung und hat es niemals wieder ganz gewonnen.«
Anna Koljaiczek, die kaschubische Großmutter des Oskar Matzerath, gibt die Situation der Kaschuben zwischen Polen und Deutschen wieder: »So isses nu mal mit de Kaschuben, Oskarchen. Die trefft es immer am Kopp. Aber ihr werdet ja nun wägjehn nach drieben, wo besser is,

Kaschubische Landschaft

und nur de Oma wird blaiben. Denn mit de Kaschuben kann man nich kaine Umzüge machen, die missen immer dablaiben und Koppchen hinhalten, damit de anderen drauftäppern können, weil unserains nich richtich polnisch is und nich richtich deitsch jenug, und wenn man Kaschub is, das raicht weder de Deitschen noch de Pollacken. De wollen es immer genau haben!« (Die Blechtrommel) Noch heute leben etwa 200.000 Kaschuben in der Gegend um Danzig. Sie sprechen Kaschubisch noch als Zweitsprache. Eine kaschubische Schriftsprache hat es ohnehin nicht gegeben, lediglich eine Literatursprache. Das Kaschubische ist zwar kein polnischer Dialekt, steht aber zum Polnischen in ganz engem verwandschaftlichen Verhältnis.

Wir empfehlen Ihnen eine Reise von Gdańsk über Zukowo, Borowo (25 km) nach Kartuzy (35 km) und von dort über Chmielno, Miechnicino, Wygoda zurück nach Gdańsk.

Bei Borowo lieg ein schöner und gepflegter Campingplatz direkt am See mit einem Restaurant (Biała Karczma), das täglich von 11-22 Uhr geöffnet ist.

Zentrum der kaschubischen Schweiz ist die Kleinstadt Kartuzy, Karthaus, mit 12.000 Einwohnern. Sie ist auch mit dem Zug von Gdańsk gut zu erreichen. Am See hinter dem Kloster ist eine gotische Kirche. Lohnenswert ist das Kaszuby-Museum in der ul. Ludowego Wojska Polskiego 1, in dem Sie einen nachhaltigen Eindruck von der kaschubischen Folklore und Geschichte erhalten. In der Nähe steht ein stilvolles kaschubisches Wirtshaus. Um die Stadt herum ist ein Naturschutzgebiet mit Wäldern und Seen.

☞ **Kaszuby-Museum ist täglich außer montags von 9 bis 15 Uhr und sonntags von 10 bis 15 Uhr geöffnet.**

Ein weiteres Zentrum der kaschubischen Volkskunst ist der kleine Ort Wdzydze Kiszewskie, 75 Kilometer von Gdańsk entfernt. 1906 wurde hier das erste ethnographische Museum (Skansen-Museum) eröffnet. In diesem 22 ha großen ethnographischen Park stehen mehr als 20 kaschubische Bauernhöfe, Wirtschaftsgebäude, alte Mühlen und eine Holzkirche, die ein interessantes Bild des Lebens auf dem Lande in früheren Jahrhunderten vermitteln.

In der Nähe liegt der schöne Wdzydze-See, genannt Großes Wasser, der von Kiefernwäldern umgeben ist. Der See ist 15 qkm groß und 68 Meter tief. Am östlichen Ufer des See ist der kleine Ort Wdzydze Tucholskie, in dem der bekannte Künstler Władysław Lica lebt. Besuchen Sie ihn und erwerben Sie direkt beim Künstler polnische Holzfiguren.

Reiseinformationen von A – Z

Eine Reise nach und in Polen ist ohne große Probleme möglich. Deutsche Staatsbürger benötigen kein Visum. Sie können mit Auto oder Bahn, mit Flugzeug oder Schiff einreisen und sich frei im Lande bewegen. Die folgenden Tips und Adressen sollen Ihnen die Reise und den Aufenthalt in Danzig erleichtern.

Informationen von A – Z

Anmeldepflicht
Anreise
Autoverleih/Pannenhilfe
Diplomatische Vertretungen
Feiertage
Flughafen
Galerien
Devisenbestimmungen
Informationen
Kino
Museen
Notruf
Öffentlicher Nahverkehr
Papiere
Post
Polizei
Restaurant
Schiffahrt
Sport
Stadtführung
Tanken
Taxi
Theater/Oper/Philharmonie
Unterkunft
(+Jugendherbergen/Camping)
Verkehrsvorschriften

Anmeldepflicht

Innerhalt von 48 Stunden nach Überschreitung der polnischen Grenze müssen Sie sich an ihrem jeweiligen Aufenthaltsort anmelden. In der Regel wird die Anmeldung von der Hotelrezeption oder der Campingplatzverwaltung automatisch vorgenommen. Reisende, die in Privatpensionen, bei Verwandten oder Bekannten wohnen, müssen die Anmeldeformalitäten zusammen mit dem Quartiergeber im Privatquartiervermittlungsbüro vornehmen. Die Anmeldepflicht sollten Sie beachten; denn ihre Nichterfüllung stellt eine Verletzung der polnischen Rechtsordnung dar.

- Anmeldung in Gdańsk: Urząd Miejski (Stadtamt), ul. Nowe Ogrody 8/12, Zimmer 116-127.

Anreise

Auto

Autofahrer benötigen den nationalen Führerschein und die Grüne Versicherungskarte (für Wohnwagenanhänger ist eine zusätzliche Versicherungskarte erforderlich). Wenn Sie die grüne Versicherungskarte vergessen haben, können Sie an der Grenze eine Versicherung abschließen. Dies ist aber mit Kosten verbunden.

Es stehen folgende Grenzübergänge zur Verfügung:

- Ahlbeck (Usedom)/Swinoujcie (nur für Fußgänger, Radfahrer, Motorräder und reguläre Buslinien)
- Linken (B104 von Pasewalk)/ Lubieszyn (Straße 116 Szczecin)
- Pomellen (A11/E28 von Berlin)/ Kołbaskowo (E28 Szczecin)
- Schwedt (B2 von Eberswalde od. B166)/ Krajnik Dólny
- Hohenwutzen (B158)/ Osinów Dólny (nur für PKW)
- Kietz (B1 von Berlin)/ Kostrzyn (Nur für Fahrzeuge mit einem tatsächlichen Gesamtgewicht bis 3,5 t)
- Frankfurt (Oder)/ Słubice
- Frankfurt (Oder) (E 30)/Świecko (E 30)
- Guben (B97/B320)/Gubin
- Forst (A15/E36 von Berlin)/Olszynia
- Bad Muskau (B115)/Łęknica
- Görlitz (B6/E40)/Zgorzelec
- Zittau (B96, 99, 178)/Sieniawka

Bus

Zwei regelmäßige Busverbindungen mit Danzig werden von der Deutschen Touring-Gesellschaft m.b.H. (DTB) und ihren polnischen Partnern angeboten.

- Bremen - Hamburg - Gdańsk (Hin: Fr/So/Di, Zurück: So/Di/Do, ca. 16 Stunden)
- Köln - Düsseldorf - Essen - Dortmund - Hannover - Helmstedt - Gdańsk (Hin: Di/Fr, Zurück: Do/So, ca. 20 Stunden)

Information und Fahrkartenverkauf in der BRD:

Büro Gutowski Service Bremen, Eislebener Str. 78, Tel.: 0421/469851, 588161

DTG Hamburg, Fax: 040/249495

DTG Hannover, Hauptbahnhof, Tel.: 0511/329419; Fax: 0511/3681357

DTG Düsseldorf, Hauptbahnhof, Tel.: 0211/360246, Fax: 0211/362281

POLORBIS Köln, Hohenzollernring 99-101, Tel.: 0221/951530-31

Information und Fahrkartenverkauf in Gdańsk:

MAK-Tourist, ul. Heweliusza 11, Gdańsk, Tel. (058) 313630, 313636

Bahn/Fahrrad

Die DB bietet zweimal täglich einen direkten Fernreisezug von Berlin nach Gdynia, von dort Umsteigemöglichkeit nach Gdańsk. Die DB transportiert keine Fahrräder mit diesem Fernreisezug. Wer mit dem Fahrrad reisen will, kann im Bereich der DB nicht mit IC oder ICE reisen. Ausschließlich Zug Nr. 329/328 Berlin - Gdynia bietet die Möglichkeit, Fahrräder mitzunehmen (Reservierung notwendig!). Innerhalb Polens werden Fahrräder in allen Zügen mit Gepäckwagen (im Fahrplan mit »B« gekennzeichnet) transportiert. Das Fahrrad muß am Gepäckwagen abgegeben und abgeholt werden, die Fahrradkarte vorher am Schalter gelöst werden. In Zügen mit Gepäckabteil wird das Fahrrad vom Fahrgast mit in das Abteil genommen. Wer Geld sparen möchte und zusätzliche Mühen nicht scheut, kauft lediglich eine Karte bis zur Grenze und löst eine zweite Fahrkarte zum preisgünstigen polnischen Inlandstarif.

Flug

Die polnische Fluggesellschaft LOT fliegt täglich ab Hamburg Danzig direkt an. Buchung und Information in folgenden LOT-Büros:

10787 Berlin, Budapester Str.18, Tel.: 030/2611505

40474 Düsseldorf, Flughafen Lohausen, Anflug Ebene B, Tel.: 0211/4216753

20099 Hamburg, Ernst-Merck-Str.12-14, Tel.: 040/244747

51445 Köln, Trankgasse 7-9 (Deichmannshaus), Tel.: 0221/133078

60329 Frankfurt/Main, Wiesenhüttenplatz 26, Tel.: 069/231981

Österreich: 1010 Wien, Schwedenplatz 5, Tel.: 0222/5339810

Schweiz: 8001 Zürich, Schweizergasse 10, Tel.: 01/2115390

oder: LOT Gdańsk, ul. Waly Jegiellońskie 2/4, Tel. 311161, 314026

Autoverleih und Pannenhilfe

Pannenhilfe: 981

Zentrale Auskunft bei allen Problemen mit dem KFZ: 058-318568

Schnelle Hilfe beim Autounfall

Vollkaskoversicherte deutsche Autofahrer können die Hilfe der polnischen Versicherungsgesellschaft Warta in Anspruch nehmen, ohne Geld auslegen zu müssen. Warta rechnet die erbrachten Leistungen direkt mit der deutschen Kaskoversicherung des Polenreisenden ab. Auch bei Totalschäden und dem eventuell erforderlichen Rücktransport ist Warta behilflich. Das sieht ein 1989 unterzeichnetes Musterabkommen vor. In Gdańsk ist das Büro von Warta im gleichen Haus wie der Automobilclub Gdański oder wenden Sie sich direkt an die Automobilclubs:

- Polski Związek Motorowy, Gdańsk-Siedlce, ul. Kartuska 187, Tel.: 058-/323550

- Automobilclub Gdański, ul. Uczniowska 22, Tel.: 058/579412

Werkstätten

In Polen sind westliche Autos schon seit langem verbreiteter als in den anderen früher sozialistischen Ländern. Daher haben Sie im Fall einer Reparatur kaum größere Schwierigkeiten als in westlichen Ländern. In Gdańsk, Gdynia oder Sopot gibt es für fast alle gängigen Automarken eine spezialisierte, meist private Reparaturwerkstatt, die auch gängige Ersatzteile führt.

Autoverleih

Es gibt in Gdańsk verschiedene Möglichkeiten, ein Auto zu mieten. Der Preis für 24 Stunden für einen Opel Corsa oder Renault R5 beträgt ungefähr 60 DM, ein polnisches Auto kann man schon für unter 50 DM mieten.

- »Rent a car«, Hotel Hevelius, Gdańsk, Tel.: 058/314045
- Sopot, ul. Niepodległości 642/644, Tel.: 058/513317

Diplomatische Vertretungen:

Botschaft der Bundesrepublik Deutschland in Polen: Ambasada Republiki Federalnej Niemiec ul. Katowicka 33, 03-932

Warszawa, Tel.: 004822/176065 - Telex: 063/813455

Deutsches Generalkonsulat in Gdańsk: Konsulat Republiki Federalnej Niemiec, al. Zwycięstwa, Tel.: 414366

Botschaft der Republik Polen in der Bundesrepublik: 50968 Köln, Leyboldstr.74, 0221/387013

Feiertage

Neujahr, Ostern, 1. Mai (Tag der Arbeit), 3. Mai (Tag der Verfassung), Fronleichnam, 15. August (Mariä Himmelfahrt), 1. November (Allerheiligen), 11. November (Unabhängigkeitstag), 25./26. Dezember (Weihnachten)

Flughafen

Flughafen Gdańsk-Rębiechowo, ul. Słowackiego 200, Tel.: 058/413141

Örtliches Büro der Polnischen Fluggesellschaft LOT:
Grańsk, ul. Wały Jagiellońskie 2/4, Tel.: 058/311161, Fax: 058/312621

Galerien

Gdańska Oficyna Sztuki, Galeria u Literatów, Gdańsk, ul. Mariacka 50

Galeria »Punkt«, Gdańsk, ul. Chlebnicka 2

Gdańska Oficyna Sztuki, Galeria Arche, Gdańsk, ul. Mariacka 25-26

Galeria Sztuki Współczesnej »Art« (zeitgenössische Kunst), Gdańsk, ul. Piwna 66/67

Galeria »Sień Biała«, Gdańsk, Długi Targ 36

Galeria »85«, Gdańsk, Długie Pobrzeże 11

Galeria Sztuki Współczesnej (zeitgenössische Kunst), Gdańsk, ul. Długa 67/68

Galeria »GN« (künstlerische Fotografie), Gdańsk, ul. Plebania 1

SARP, Gdańsk, Dwór Św. Jerzego

Gdański Kantor Sztuki, Gdańsk, ul. Długa

Salon Sztuki Współczesnej, Gdańsk, Targ Węglowy 1 (im Zeughaus)

DESA - Dzieła Sztuki i Antyku (Antiquitäten-Verkaufssalon), ul. Długa 2, Tel.: 058/315968

Galeria ZPAP, Gdańsk, ul. Mariacka 46/47, Tel. 058/311311, geöffnet Mo-Fr 9.00-17.00

Gdańska Galeria Rzeźby Zar, Gdańsk, ul. Długi Targ 35/38, Tel. 058/314436, geöffnet täglich von 11.00-19.00 außer sonntags

Art Gallety Fos, Gdańsk, ul. Długie Pobrzeże, Tel.: 058-317981, Di-Fr von 10.00-18.00, Sa u. So von 9.00-15.00

Zeidler Art Galery, Galeria Sztuki Dawney-Antyki, Gdańsk ul. Długa 81, Tel.: 058/314317, geöffnet Mo-Fr 11.00-18.00, Sa 11.00-15.00

Gdańska Galeria Fotografii, Gdańsk, ul. Grobla 1, Tel.: 058/317147 geöffnet Di bis Fr 11.00-17.00, Sa und So 11.00-15.00

Nadbałtyckie Centrum Kultury - Galeria Sztuui, Ratusz Staromiejski, ul. Korzenna 33/35, Tel.: 058/311051 bs 53

Galeria »Portal«, Gdańsk, ul. Ogarna 29/30, Tel.: 058/312406, geöffnet Mo - Fr 9.00-18.00, Sa 9.00-15.00

Galeria Autorska »Herman«, Sopot, ul. Boh. Monte Cassino 44, Tel.: 058/511672, geöffnet täglich von 12.00-18.00

Galeria »Triada«, Sopot, ul. Boh. Monte Cassino 36, Tel.: 058/513359, täglich 11.00-18.00

Galeria Sztuki BWA, Sopot, ul. Powstańców Warszawy 2-6

Devisenbestimmungen

1989 sind die polnischen Devisenbestimmungen grundlegend gelockert und verändert worden. Der Pflichtumtausch ist entfallen. Bei Wechselstuben und Banken können Sie DM eintauschen. Viele Geschäfte akzeptieren inzwischen auch die

Marienkirche, Mottlau und die Kirchtürme der Innenstadt Danzigs

gängigen Kreditkarten. Trotz der Erleichterungen sollten allerdings beim Grenzübertritt die weiterhin bestehenden Devisengesetze beachtet werden: Die Ein- und Ausfuhr polnischer Zahlungsmittel ist nicht gestattet. Haben Sie bei der Ausreise aus Polen noch polnische Zahlungsmittel, sollten diese vor der Grenzübergangsstelle umgetauscht werden.

Sie dürfen jede konvertierbare Währung ohne Begrenzung nach Polen einführen, und zwar in Form von Bargeld, Schecks und Wechseln. Euroschecks werden zu den international üblichen Bedingungen akzeptiert. Bei der Einreise müssen Sie die mitgeführte Fremdwährung an der Grenze deklarieren und vom Zollbeamten bestätigen lassen. Konvertierbare Fremdwährungen dürfen Sie ohne Beschränkung ausgeben, wechseln oder verschenken.

Informationen

Tourist-Informationsbüros (it)

Gdańsk, ul. Heveliusza 27, 80-890 Gdańsk, Tel.: 058/314355, Fax: 058/316637

Sopot, ul. Boh. Monte Cassino 31, Tel.: 058/510618

Gdynia, ul. Bema 33, Tel.: 058/209798

Reiseinformationen über Polen in der BRD:

Polnisches Informationszentrum für Touristik, Waidmarkt 24, 50676 Köln, Tel.: 0221/230445, Fax: 0221/238990

Polorbis Reiseunternehmen GmbH, Hohenzollernring 99 – 101, 50672 Köln, Tel.: 0221/95153420, Fax: 0221/528277

Filiale Berlin, Warschauerstr.5, 10243 Berlin, Tel.: 030/5894530, Fax: 030/5985541

Filiale Hamburg, Ernst-Merck-Straße 12-14, 20099 Hamburg, Tel.: 040/248103, Fax: 040/324210

Österreich: Polnisches Informationsbüro für Touristik, Schwedenplatz 5, 1010 Wien, Tel.: 0222/630810

Kino

In den Danziger Kinos dominieren heute amerikanische und westeuropäische Filme. Aber auch polnische und russische sind zu sehen. Es gibt eine Vielzahl von Kinos, im Stadtzentrum und in den Vororten:

Club der Polnischen Studenten »Żak«, Wały\ Jagiellońskie 1

Neptun, ul. Długa 57, Tel.: 058/318256

Drukarz, ul.Gancarska, Tel.: 058/311701

Gedania, ul. Dyrekcyjna, Tel.: 058/385111

Kosmos, Orunia, ul. Jedności Robototniczej 115, Tel.: 058/315752

1 Maja, ul. Marynarki Polskiej 111, Tel.: 058/430311

Znicz, Wrzeszcz, ul. Szymanowskiego 12, Tel.: 058/410911

Bajka, Wrzeszcz, ul. Jaśkowa Dolina 44, Tel.: 058/412294

Zawisza, Wrzeszcz, ul. Słowackiego

Delfin, Oliwa, ul.Armii Radzieckiej 11, Tel.: 058/520486

Bałtyk, ul. Bohaterów Monte Cassino 30, Tel.: 058/511856

Polonia, ul. Bohaterów Monte Cassino 39, Tel.: 058/510534

Warszawa, ul. Świętojańska 36, Tel.: 058/204265

Goplana, Skwer Kościuszki 12, Tel.: 058/216716

Atlantic, ul. 3-go Maja 28, Tel.: 058/219723

Museen

Muzeum Narodowe (Nationalmuseum)

Gdańsk, ul. Toruńska 1,Tel.: 058/317061 bis 65, geöffnet: So: 9 - 15, Di, Sa: 11 - 17, Mi, Do: 9 - 15, Mo, Fr, nach Feiertagen geschlossen.

Muzeum Etnograficzne (Etnographisches Museum)

Gdańsk-Oliwa, Palast der Äbte, ul. Cystersów 15a, Tel.: 058/521754, geöffnet: So: 10-15.00, Sa: 9-15.30, Di, Mi, Do: 10-16.00, Mo u. Fr geschlossen.

Muzeum Historii Miasta Gdańska (Museum der Geschichte Danzigs)

Rechtstädtisches Rathaus, ul. Długa 47, Tel.: 058/316119, geöffnet: Di: 10-15.30, Do: 10-16, Sa: 14-17.30, So: 11-15.30, Mo, Mi, Fr geschlossen.

Muzeum Archeologiczne (Archäologisches Museum)

Gdańsk, ul. Mariacka 25/26, Tel.: 058/315031 oder 315032, geöffnet: Di, Mi, Fr, So: 10-16, Mo, Do, u. nach den Feiertagen geschlossen.

Centralne Muzeum Morskie (Zentrales Schiffahrtsmuseum)

ul. Szeroka 67/68, Tel.: 058/318611 und 315311, Fax: 058/318453, geöffnet: Sommersaison täglich 10-18, außerhalb der Saison 10-16

Muzeum S/S »Sołdek«

Gdańsk, ul. Długie Pobrzeźe, auf der Speicherinsel gegenüber vom Krantor, geöffnet wie das Zentrale Schiffahrtsmuseum.

Muzeum Poczty i Telekommunikacji (Museum der Post und Telekommunikation)

Gdańsk, ul.Obrońców Poczty Polskiej 1/2, Tel.: 058/317611 geöffnet: Mo, Mi, Do, Fr: 10-16, an arbeitsfreien Sa, Sonn- und Feiertagen 10.30-14

Der Danziger Bahnhof

Zabytkowa Kuźnia (Alte Schmiede)

Gdańsk-Oliwa, ul. Bytowska 1, geöffnet nur in der Saison, täglich von 10-17, Mo geschlossen.

Ozeanographisches Museum und Meeresaquarium Gdynia

al. Zjednoczenia 1, Gdynia, Tel.: 058/217021.

Segelschiff »Dar Pomorza«, Gdynia

Gdynia, Nabrzeże Pomorskie, Tel.: 058/202371, geöffnet: Saison täglich 10-18, außerhalb der Saison Di-So 10-16

Notruf

Polizei	997
Feuerwehr	998
Rettungswagen	999

Ambulanz (Tag und Nacht):

Gdańsk-Wrzeszcz, Al. Zwycięstwa 48, Tel.: 999

Öffentlicher Nahverkehr

In Danzig gibt es Autobus, Straßenbahn und S-Bahn. Das öffentliche Verkehrsnetz ist gut ausgebaut und preiswert.

Die S-Bahn verbindet die Innenstadt mit Wrzeszcz, Oliwa, Jelitkowo, Sopot, Gdynia und Wejherowo. Sie ist das schnellste Verkehrsmittel. Tickets erhalten Sie an den Schaltern der Bahnhöfe.

Ca. 50 Buslininien am Tag und sieben Linien in der Nacht bedienen alle Viertel

Danzigs. Die meisten führen zum Zentrum. Die wichtigsten Haltestellen sind vor dem Hauptbahnhof und dem Stockturm (Plac 1. Maja) sowie beim Bahnhof und der ul. Grunwaldzka in Wrzeszcz. Tikkets können Sie in jedem Kiosk kaufen. Drei Buslinien bringen Sie zum Flughafen: 110, 162, »B« Elf Straßenbahnlinien verbinden die wichtigsten Stadtteile Danzigs mit den Vororten. Auch hierfür müssen Sie die Tickets zuvor an einem Kiosk erwerben.

Straßenbahnlinien

Nr. 1 Stogi-Śródmieście-Siedlce
Nr. 2 Śródmieście-Wrzeszcz-Zaspa-Przymorze-Jelitkowo
Nr. 4 Jelitkowo-Przymorze-Zaspa-Nowy Port
Nr. 6 Śródmieście-Wrzeszcz-Oliwa-Jelitkowo
Nr. 7 Nowy Port-Wrzeszcz-Zaspa-Przymorze-Oliwa
Nr. 8 Dolne Miasto-Śródmieście-Wrzeszcz-Zaspa
Nr. 9 Dolne Miasto-ul. Łakowa-Stogi
Nr. 12 Siedlce-Śródmiescie-Wrzeszcz-Oliwa-Zaspa
Nr. 13 Brzeźno-Wrzeszcz-Śródmieście-Dolne Miasto-Stogi
Nr. 14 Zaspa-Wrzeszcz-Śródmieście-Siedlce
Nr. 15 Nowy Port-Wrzeszcz-Oliwa

(Śródmiescie bedeutet Centrum/Altstadt)

Papiere

Zur Einreise benötigen Sie nur einen gültigen Reisepaß. Wer mit dem PKW einreist, benötigt den Fahrzeugschein und sollte eine grüne Versicherungskarte mitnehmen.

Verlust von Personalunterlagen

Reisepaß: Beim Verlust Ihres Reisepasses oder Personalausweises stellt Ihnen die Botschaft der Bundesrepublik Deutschland in Warschau einen Reiseausweis aus, der zur Rückkehr nach Deutschland berechtigt. Dazu müssen Sie eine Verlustanzeige vorlegen, die von der örtlichen Milizbehörde bestätigt worden ist.

Fahrzeugpapiere: Zur Ausreise genügt die Verlustanzeige, bestätigt durch die örtliche Milizbehörde.

Wir empfehlen allen Reisenden, die Registriernummern der Personalpapiere auf einem gesonderten Blatt zu notieren bzw. entsprechende Fotokopien mitzuführen. Beim Verlust Ihrer Dokumente ist dann eine Identifizierung durch die Deutsche Botschaft einfacher.

Post

Grüne Postkästen sind für Ortspost, rote für Fernpost vorgesehen.

Hauptpostamt:
Gdańsk: ul. Długa 23-28,
Tel.: 058/312215

Polizei

Notruf: 997

Gdańsk: ul. Okopowa 15, Tel. 058/395703

Sopot: ul. Niepodległości 736,
Tel.: 058/513051

Gdynia: ul. Portowa 15, Tel.: 058/206503

Restaurants

Gdańsk

Pod Łososiem (»Lachs«), ul. Szeroka 51/54, Tel.: 058/317652
(Traditionsreiches Danziger Lokal)

Pod Wieżą, ul. Piwna 51, Tel.: 058/313924

Kubicki, ul.Wartka 5, Tel.: 058/310050
(Traditionsreiches Danziger Lokal)

Taverna, ul. Powroźników 19,
Tel.: 058/314114

Retmann, ul. Stągiewna 1,
Tel.: 058/319248 (Fischspezialitäten)

Jugendstilschmuck an alten Danziger Fassaden

Pizzeria Nal Gdańsk, ul. Długa 62/63, Tel. 058/314146

Wrzeszcz

Newska, ul. Grunwaldzka 99, Tel.: 058/414646 (Gutes russisches Restaurant)

Srebrny Młyn, ul. Słowackiego 78, Tel.: 058/418337 (Geöffnet von 17-4 Uhr, mit Diskothek)

Czardasz, Przymorze, ul. Śląska 66, Tel.: 058/524012.
(Ungarisches Restaurant)

Sopot

Eremitage, ul. Boh. M. Cassino 39, Tel.: 058/513306

Pod Strzechą, ul. Boh. M.Cassino 17, Tel.: 058/512476

Bungalow, Kamienny Potok, ul. Zamkowa Góra 3, Tel.: 058/510081

Weitere Restaurants befinden sich in den großen Hotels. Es gibt eine Vielzahl von Caféterien, Milchbars und Imbißbetrieben im Stadtzentrum, in Wrzeszcz, Oliwa, Sopot oder Gdynia, in denen Sie ebenfalls essen können.

Schiffahrt

Fährverbindungen:

Die Polnische Ostseeschiffahrt (PZB) unterhält zwei Fährverbindungen Gdańsk-Helsinki (2x wöchentlich) und Gdańsk-Oxellösund (3x wöchentlich).

- Fähr-Terminal, ul. Przemysłowa 1, 80-890 Gdańsk, Tel. 058/431887,
  Fax.: 058/430975

Vertretung Deutschland: Reisebüro Darpol, Kaiser-Friedrich-Str.19, 10585 Berlin, Tel.: 030/3420074, Fax: 030/3422472.

Die Corona-Line unterhält eine Fährverbindung Gdynia-Karlskrona.

- Fähr-Terminal, ul. Kwiatkowskiego 60, 81-127 Gdynia, Tel.: 058/213524,
  Fax: 058/216667

Ausflugsfahrten

Die Weiße Flotte bietet verschiedene Ausflüge an. Die Anleger befinden sich in Gdańsk am Grünen Tor/Mottlau, in Sopot an der Seebrücke und in Gdynia im Hafen. Karten können jeweils am Anleger erworben werden.

- Gdańsk - Westerplatte (6,8 km, ca. 60 min.): Altstadt und alter Hafen Mottlau, Nordhafen, Festung Weichselmündung, Westerplatte
- Gdańsk - Sopot - Gdynia (24 km, ca. 2 Stunden): Altstadt, Westerplatte, Toter Weichselarm, Nordhafen, Seebrücke Sopot, Hafen Gdynia
- Gdańsk - Hel (31 km, 2 Stunden):Danziger Bucht, Hel
- Sopot - Hel (23 km, 75 Min.): Danziger Bucht, Hel
- Gdynia - Hel (18 km, 70 Min.): Danziger Bucht - Hel
- Gdynia - Jastarnia (20 km, 70 Min.): Putziger Bucht - Jastarnia
- Gdynia Hafenrundfahrt (60 Min.)

Sport

Hallenbäder

Gdańsk-Wrzeszcz, ul. Wajdeloty 12/13, geöffnet 6.30-21 (vom 1.9 -30.6), mit Sauna

Hotel »Marina«, Gdańsk, ul. Jelitkowska 20

Sopot, ul. Bieruta 57

Gdynia, ul. 22 Lipca 7, geöffnet 9-19, mit Sauna

Tennisplätze

Gdańsk-Wrzeszcz, ul. Hanki Sawickiej 23, Tel.: 058/410473

Gdańsk-Wrzeszcz, ul. Tragutta 29, Tel.: 058/411174

Gdańsk-Oliwa, ul. Wiejska 1, Tel.: 058/525051

Sopot, ul. Ceynowy 5/7, Tel.: 058/511435

Pferderennen, Reiten

In Sopot gibt es eine Pferderennbahn, wo häufig Reitsportveranstaltungen stattfinden. Hier können Erwachsene und Kinder auch Pferde mieten; Reitunterricht wird ebenfalls angeboten.

Sopot, ul. Kombatantów 1,
Tel.: 058/512012, geöffnet 16 -19

Verleih von Sportgeräten

Am Plaża (Strand), Stogi, Tel.: 058/312960 können Sie Surfbretter, Liegestühle und Körbe ausleihen, zum Surfen wird ein Schwimmausweis verlangt.

Der Bus Nr. 362 fährt vom Platz 1. Maja dorthin, bei gutem Wetter und an Feiertagen auch Bus Nr. 162.

Kąpielisko Morskie, Sopot, ul. Chopina 10, Tel.: 058/514142

Gdańsk, ul. Ogarna 29/30,
Tel.: 058/319137, geöffnet 16-19

Gdańsk, ul. Kotwicznikow 10,
Tel.: 058/313167, geöffnet 16-19

Stadtführung

Besichtigung von Danzig mit einem Stadtführer: ul. Bogusławskiego 1,
Tel.: 058/316096

Darüber hinaus kann Ihnen weitgehend jedes Reisebüro auch Sonderreisen vermitteln.

Tanken

Seit 1990 sind eine Vielzahl von Tankstellen in den Großstädten und an den größeren Schnellstraßen entstanden. Die Entfernung zwischen den Tankstellen beträgt durchschnittlich 20-30 km. Während der Sommersaison sind die meisten Tankstellen von 6-22 Uhr, an Sonn- und Feiertagen von 7-17 Uhr, in Großstädten, an Kreuzungen von Fernstraßen sowie an internationalen Routen teilweise durchgehend Tag und Nacht geöffnet. Es ist Superbenzin Oktanzahl 94 und Dieselkraftstoff erhältlich. Außer polnischen Motorölen vertreiben die Tankstellen auch Öle ausländischer Firmen, z.b. Shell, Mobil, Castrol, BP und AGIP. An verschiedenen Tankstellen können Campingtouristen Flüssiggasbehälter füllen lassen. Die meisten Tankstellen führen inzwischen auch bleifreies Benzin. Es ist zulässig, einen Reservekanister mit Benzin bis max. 20 l zollfrei nach Polen einzuführen.

Taxi

Taxis stehen an verschiedenen zentralen Plätzen der Dreistadt. Telefonisch können Sie sie am besten vom Hotel oder Restaurant bestellen.

Trans - Taxi	485281
Taxi - Sopot	510270
Express - Taxi	24162
Hallo - Taxi	313949
Inter - Taxi	513040

Telefonieren

Telefonzentrale (von Stadt zu Stadt und ins Ausland)	900
Vorwahl Gdańsk	058

Vorwahlnummern aus dem Ausland:

Polen	0048
Gdańsk	0048-58

Theater, Oper und Philharmonie

Teatr »Wybrzeże«
Gdańsk, Targ Węglowy, Tel.: 058/311328; Kasse: Täglich 10-13 und drei Stunden von der Aufführung. Am Sonntag ausschließlich drei Stunden vor der Aufführung.

Teatr »Wybrzeże«
Kameralbühne in Sopot, ul. Bohaterów Monte Cassino 36, Tel.: 058/513936;

Państwowa Opera i Filharmonia Bałtycka
Gdańsk, al. Zwycięstwa 15, Tel.: 058/410563; Kasse: Täglich außer Montag 10-13 und zwei Stunden vor der Aufführung.

Teatr Lalki i Aktora »Miniatura«
Gdańsk - Wrzeszcz, ul. Grunwaldzka 16, Tel.: 058/410123.

Teatr Letni
Sopot, ul. Bieruta 59, Tel.: 058/510654.

Opera Leśna (Waldoper)
Sopot, ul. Moniuszki, Tel.:058/511812.

Teatr Dramatyczny Gdynia
Gdynia, ul. Bema 26, Tel.: 058/208801; Kasse: Täglich außer Montag, 11-13 und drei Stunden vor der Aufführung, Sonntags ausschließlich vor der Aufführung.

Teatr Muzyczny
Gdynia, plac Grunwaldzki 1, Tel.: 058/209521; Kasse: Di, Mi, Do, Fr 10-14, Sa 12-14, So 14-16 und zwei Stunden vor der Aufführung.

Teatr »Wybrzeże«,
Gdynia, ul. Bema 26, Tel.: 058/228801 oder 207846

Unterkunft

Gdańsk

Zimmernachweis (täglich 7.30-19.00)
ul. Heweliusza 8 (Nähe Bahnhof), 80-861 Gdańsk, Tel.: 058/312634

Hotels:
Orbis Hevelius, ul. Heveliusza 22, 80-890 Gdańsk, Tel.: 058/315631
Fax: 058/512458

Orbis Novotel, ul. Pszenna 1, 80-749 Gdańsk,
Tel.: 058/315611, Fax:058/311922

Hotel Mesa, Waly Jagiellońskie St.36, 80-237 Gdańsk, Tel.: 058/318052, Fax: 058/318052

Hotel Jantar, ul. Długi Targ 19, 80-828 Gdańsk, Tel.: 058/316241

Hotel Żabianka, ul. Dickmana 15/16, 80-339 Gdańsk, Tel.: 058/522772

Hotel Orbis-Marina, ul. Jelitkowska 20, 80-342 Gdańsk-Jelitkowo, Tel.: 058/532079, Fax: 058/530460

Hotel Orbis-Posejdon, ul. Kapliczna 30, 80-341 Gdańsk-Jelitkowo, Tel.: 058/531803, Fax: 058/530222

Hotel Nord, ul. Hallera 245, 80-825 Gdańsk-Brzeźno, Tel.: 058/435700

Hotel Ośrodka Doradztwa Rolniczego, ul. Robotniczej 293, 80-864 Gdańsk-Lipce, Tel.: 058/390482-83

Pensionen

Pension Dom Nauczyciela, ul. H. Sawikkiej 28, 80-237 Gdańsk, Tel.: 058/414917

Pension Bartan, ul. Turystyczna 9, 80-680 Gdańsk-Sobieszewo, Tel.: 058/380779

Pension Mewa, ul. Lazurowa 4, 80-680 Gdańsk-Sobieszewo, Tel.:058/380704

Sopot

Zimmernachweis

ul. Dworcowa 4, 81-704 Sopot, Tel.: 058/512367

Hotels

Orbis Grand Hotel, ul.Powstańców Warszawy 8-12, 80-718 Sopot, Tel.: 058/510041, Fax: 058/516124

Hotel Miramar, 81-713 Sopot

Hotel Jeździecki, ul. Kombatantów 1, 81-745 Sopot, Tel.: 058/512011

Hotel Bursztyn, 81-786 Sopot

Pensionen

Pension Dom Turysty PTTK, ul. Zamkowa Góra 21-25, 81-713 Sopot, Tel.: 058/518011, Fax: 058/510727

Pension Irena, ul. Chopina 36, 81-713 Sopot, Tel.: 058/512073

Pension Maryla, al. Sępia 22, 81-713 Sopot, Tel.: 058/510034

Pension Zatoka, ul. Emilii Plater 11, 81-777 Sopot, Tel.: 058/512367

Pension Sopot, 81-745 Sopot

Gdynia

Zimmernachweis

ul. Starowiejska 47, 81-372 Gdynia, Tel.: 058/219265

Hotels:

Hotel Orbos Gdynia, ul. Armii Krajowej 22, 81-372 Gdynia, Tel.: 058/206661, Fax: 058/208651

Hotel Bałtyk, ul. Kielecka 29, 81-303 Gdynia, Tel.: 058/210649, Fax: 058/208327

Hotel Mistral, ul. Ejsmonda 2, 81-409 Gdynia, Tel.: 058/221542

Hotel Bristol, ul. Starowiejska 1, 81-356 Gdynia, Tel.: 058/218046

Almatur-Studentenhotels:

Gdańsk-Wrzeszcz, ul. Leczkowa 18, Tel.: 058/413221

Gdańsk-Oliwa, ul. Polanki 66, Tel.: 058/524212

Jugendherbergen

Gdańsk

ul. Walowa 11, 80-858 Gdańsk, Tel.: 058/312313

ul. Karpia 1, 80-882 Gdańsk, Tel.: 058/318219 (geöffnet 1.7.-30.8.)

ul. Grunwaldzka 238/240, 80-226 Gdańsk-Wrszeszcz, Tel. 058/411660 (Geöffnet 1.7.-25.8.)

ul. Smoluchowskiego 11, 80-214 Gdańsk-Wrszeszcz, Tel.085/323820

al. Legionów 11, 80-441 Gdańsk-Wrzeszcz, Tel.: 058/414108

Gdynia

ul. Czerwonych Kosynierow 108c, 81-216 Gdynia, Tel.: 058/270005

Camping

In Polen gibt es besonders an der Ostseeküste sowie in Danzig und Umgebung viele Campingplätze. Sie werden in drei Kategorien eingeteilt. Alle Campingplätze verfügen über Elektrizität, sanitäre Einrichtungen und fließendes Wasser. Die Campingplätze der II. Kategorie bieten überdies Waschräume, Duschen und Kioske. Die I. Kategorie verfügt zusätzlich über Waschräume mit fließend warmen Wasser und Imbißrestaurants.

Campingsaison: 1. Mai bis 30. September.

Gdańsk

Gdańsk-Brzeźno, ul. Gen. J. Hallera 234, Kat.I, 80-503 Gdańsk-Brzeźno, Tel.: 058/566531 (in der Nähe des Ostseestrands, direkte Straßenbahnverbindung zum Stadtzentrum)

Gdańsk-Jelitkowo, ul. Jelitkowska 23, Kat.I, 80-342 Gdańsk-Jelitkowo, Tel.: 058/532731, (in der Nähe des Ostseestrands)

Camping ul. Lazurowa 6, 80-680 Gdańsk-Sobieszewo, Tel.: 058/380796

Sopot

ul. Zamkowa Góra 25, 81-713 Sopot,

ul. Bitwy pod Płowcami 59, 81-731 Sopot, Tel.: 058/511783

Gdynia

ul. Świętopełka 19, 81-524 Gdynia-Orłowo, Tel.: 058/290029

Verkehrsvorschriften

Höchstgeschwindigkeit in Ortschaften: 60km/h, Landstraßen 90 km/h, Schnellstraßen 100 km/h, Autobahnen 110 km/h; PKW mit Anhäger auf Autobahnen 70 km/h, Motorräder 90 km/h. Absolutes Alkoholverbot für Kraftfahrer. Vom 1. November bis 1. März muß mit Abblendlicht gefahren werden.

Polizeinotruf	Tel.: 997
Unfallrettung	Tel.: 999

Kleiner Sprachführer

Im Allgemeinen kommen Sie in Gdańsk sprachlich gut zurecht. Viele Menschen beherrschen eine Fremdsprache, häufig ist es deutsch, so daß Sie kaum größere Probleme haben werden. Speisekarten sind häufig auch in deutscher Sprache vorhanden.

Allgemeines

Guten Tag	Dzień dobry
Guten Abend	Dobry wieczór
Auf Wiedersehen	Do widzenia
Gute Nacht	Dobranoc
nein	nie
ja	tak
bitte	proszę
danke	dziękuję
geöffnet	otwarty,a,e
geschlossen	zamknięty,a,e
rauchen	palić
erlaubt	wolno
Toilette	Toaleta
Damen	panie
Herren	panowie
Post	poczta
Briefkasten	skrzynka listowa
Briefmarken	znaczki pocztowe
kaufen	kupić
Blumen	kwiaty
Geschäft	sklep
Ich möchte Blumen kaufen	chciałbym kupić kwiaty
Ich benötige eine Zeitung	potrzebuję gazetę
Ich verstehe nur deutsch	rozumiem tylko niemiecki
Ich verstehe nicht	nie rozumiem

Reisen, Essen und Trinken

Restaurant	rarstauracja
Cafe	kawiarnia
Hotel	hotel
Kellner	kelner
Zimmer	pokój
Bett	óżko
Badewanne	wanna
Dusche	prysznic
Gepäck	bagaż
Koffer	walizka
Schlüssel	klucz
Frühstück	śniadanie
Mittagessen	obiad
Abendessen	kolacja
Kaffee	kawa
Tee	herbata
Milch	mleko
Sahne	śmietana
Kuchen	ciastko
Mineralwasser	woda mineralna
Sekt	szampan
Wein	wino
Bier	piwo
Rechnung	rachunek
zahlen	płacić
Markt	rynek
Wieviel kostet das?	ile to kosztuje?

Geographisches

Stadt	miasto
Dorf	wieś
auf dem Lande	na wsi
Straße	ulica
Platz	plac
Park	park
Weg	droga
Ausflug	wycieczka
Haus	dom
Friedhof	cmentarz
Kirche	kościół
Museum	museum
Ausstellung	wystawa
Schloß	zamek

Verkehr

Omnibus	trolejbus
Straßenbahn	tramwaj
Autobus	autobus
Eisenbahn	kolej

Bahnhof	dworzec
Zug	pociąg
Haltestelle	przystanek
einsteigen	wsiadać
aussteigen	wysiadać
umsteigen	przesiadać
Fahrkarte	bilet
Hafen	port
Flugzeug	samolot
Flughafen	lotnisko
Fundbüro	biuro rzeczy znalezionych
Ich habe verloren	zgubiłem, am
im Hotel	w hotelu
im Taxi	w taksówce
im Autobus	w autobusie
im Obus	w trolejlebusie
in der Tram	w tramwaju
im Zug	w pociągu
im Flugzeug	w samolocie
wann (wo)	kiedy
muß ich umsteigen?	(gdzie) muszę się przesiaść?
hin und zurück	tam i z powrotem
Wann	kiedy
geht der Zug ab?	odjeżdża pociag?
Wann	kiedy
kommt der Zug an?	przyjeżdża pociąg?

Krankheiten

Apotheke	apteka
Arznei	lekarstwo
Geben Sie mir bitte etwas	proszę mi dać coś
gegen	od
Kopfschmerzen	bólu głwy
Durchfall	przeciw biegunc
Verstopfung	przeciw zatwardzeniu
Arzt	lekarz
Zahnarzt	dentysta
Ich benötige	potrzebuję
ärztliche Hilfe	pomocy lekarskiej
Ich habe Fieber	mam gorączkę
Ich habe Kopfschmerzen	mam bóle głowy
Ambulanz	amulans, karetka pogotowia
Ambulatorium	przychodnia

Masse und Gewichte

Zentimeter	centymetr
Meter	metr
Kilometer	kilometr
Gramm	gram
Pfund	półkilo
Kilo	kilogram
Liter	litr

Zahlen

einer, eine	jeden, jedna
zwei	dwa
drei	trzy
vier	cztery
fünf	pięć
sechs	sześć
sieben	siedem
acht	osiem
neun	dziewięć
zehn	dziesię
elf	jedynaście
dreizehn	trzynaście
hundert	sto
tausend	tysiąc

Zeitbegriffe

Minute	minuta
eine halbe Stunde	półgodziny
morgens	rano
vormittags	przed południem
nachmittags	po południu
abends	wieczorem
nachts	nocą
Tag	dzień
Woche	tydzień
Monat	miesiąc
Jahr	rok

Wochentage

Montag	poniedziałek
Dienstag	wtorek
Mittwoch	środa
Donnerstag	czwartek
Freitag	piątek
Sonnabend	sobota
Sonntag	niedziela

Literaturhinweise

Wer mehr über Gdańsk und Danzig erfahren möchten, der sei auf die folgende Auswahl von Büchern hingewiesen. Darüber hinaus empfehlen wir jedem, der Danzigs Schicksal im zwanzigsten Jahrhundert genauer verstehen will, die Romane von Günter Grass. An erster Stelle natürlich »Die Blechtrommel«.

Biernat, Czeslaw u. Cieślak Edmund (1988), **History of Gdańsk.**
Bogucka, Maria (1980), **Das alte Danzig.** Alltagsleben vom 15. bis 17. Jahrhundert. Übersetzung aus dem Polnischen von Eduard Merian, Leipzig
Chodowiecki, Daniel (1973), **Künstlerfahrt nach Danzig im Jahr 1773**, Kiel
Danzig in 144 Bildern (vor 1945), Leer
Hewelt, Werner (1988), **Danzig.** Ein europäisches Kulturdenkmal, Lübeck
Hoffmann E.T.A. (1977), **Der Artushof**, Novelle erschienen in Reclams Universalbibliothek Nr. 8991, Stuttgart
Jähnig, B. u. Letkemann, P. (1985), **Danzig in acht Jahrhunderten**, Münster
Keyser, Erich (1972), **Die Baugeschichte der Stadt Danzig**, Köln/Wien
Lewald, Hans (1972), **Danzig so wie es war**, Düsseldorf
Ruhnau, Rüdiger, **Danzig - gestern und heute.** Ein historischer Reiseführer, Leer
Simson, Paul (1913), **Geschichte der Stadt Danzig**, Danzig
Wenig, Hans (1980), **Danzig: Betrachtung der Stadt in 4 Jahrhunderten**, Hamburg.
Schleuning, Horst (1992), **Danzig – Geschichte einer Stadt im Spiegel ihrer Denkmäler**, Edition Temmen, Bremen
(1994), **Danzig/Gdańsk 1944**, Gespräche nach 50 Jahren, Gdańsk
Universität Bremen u. Universität Gdańsk (1994), **Zwei hanseatische Städte Bremen und Danzig im Laufe der Jahrhunderte**, Gdańsk
Oskar - Tulla - Mahlke (1993), **In Gdańsk unterwegs mit Günter Grass** (deutschpolnisch), Gdańsk
Horst Schleuning (1995), **Danzig und seine Mottlau**, Edition Temmen, Bremen

Über die Autoren:
Krystyna Heseler, geboren 1952 in Gdańsk, polnische Staatsbürgerin, arbeitet als Modedesignerin in Bremen.
Heiner Heseler, geboren 1948 in Essen, arbeitet als Wirtschaftswissenschaftler an der Universität Bremen.

Dominikanermarkt
Folgende Doppelseite:Der Lange Markt

Index

A

Adelsrepublik 30
Altstadt 128
Altstädtisches Rathaus 134
Anmeldepflicht 185
Anreise 185
Artushof 33
Autoverleih 187

B

Beischläge 102
Bernsteinküste 172
Block, Isaak von dem 96
Botschaft 187
Brigittenkirche 132
Brotbänkengasse 107

C

Club der Polnischen Studenten . . 77

D

Danziger Abkommen 54
Danziger Werder 170
Deutscher Ritterorden 23
Devisenbestimmungen 188
Diplomatische Vertretung 187

E

Elbląg 177
Elisabethkirche 136
Englisches Haus 110

F

Festung Weichselmündung 140
Fischmarkt 125
Frauenburg 177
Frauengasse 110
Friedhof Zaspa 148
Frisches Haff 174
Frombork 177

G

Galerien 188
Gdingen 161
Gdynia 161
Goldenes Haus 100
Goldenes Tor 89
Grass, Günter 145
Große Mühle 130
Grünes Tor 101

H

Hafen 59, 140
Halbinsel Hel 166
Hanse 26
Hauptbahnhof 136
Herz-Jesu-Kirche 147
Hevelius (Heweliusz), Johann 34, 134
Hochschule 78
Hohes Tor 86
Hotel 199

J

Josephskirche 134

K

Kaschubische Schweiz 181
Katharinenkirche 131
Kohlenmarkt 84
Königliche Kapelle 116
Krantor 122
Kubicki 128
Kulturhäuser 74

L

Lachs, der 120
Lange Brücke 107
Langer Markt 90, 97
Langfuhr 145
Langgasse 90
Langgassertor 89
Lenin Werft 136

M

Malbork 178
Marienburg 24, 178
Marienkirche 113
Marientor 110
Markthalle 126
Matemblewo 150
Meeresmuseum Gdynia 163
Möller, Anton 34
Mottlau 102

N

Nationalmuseum 138
Nationalsozialismus 45, 128
Neptunbrunnen 100
Nicolaikirche 126
Nikolaus Copernikus Museum . . 177

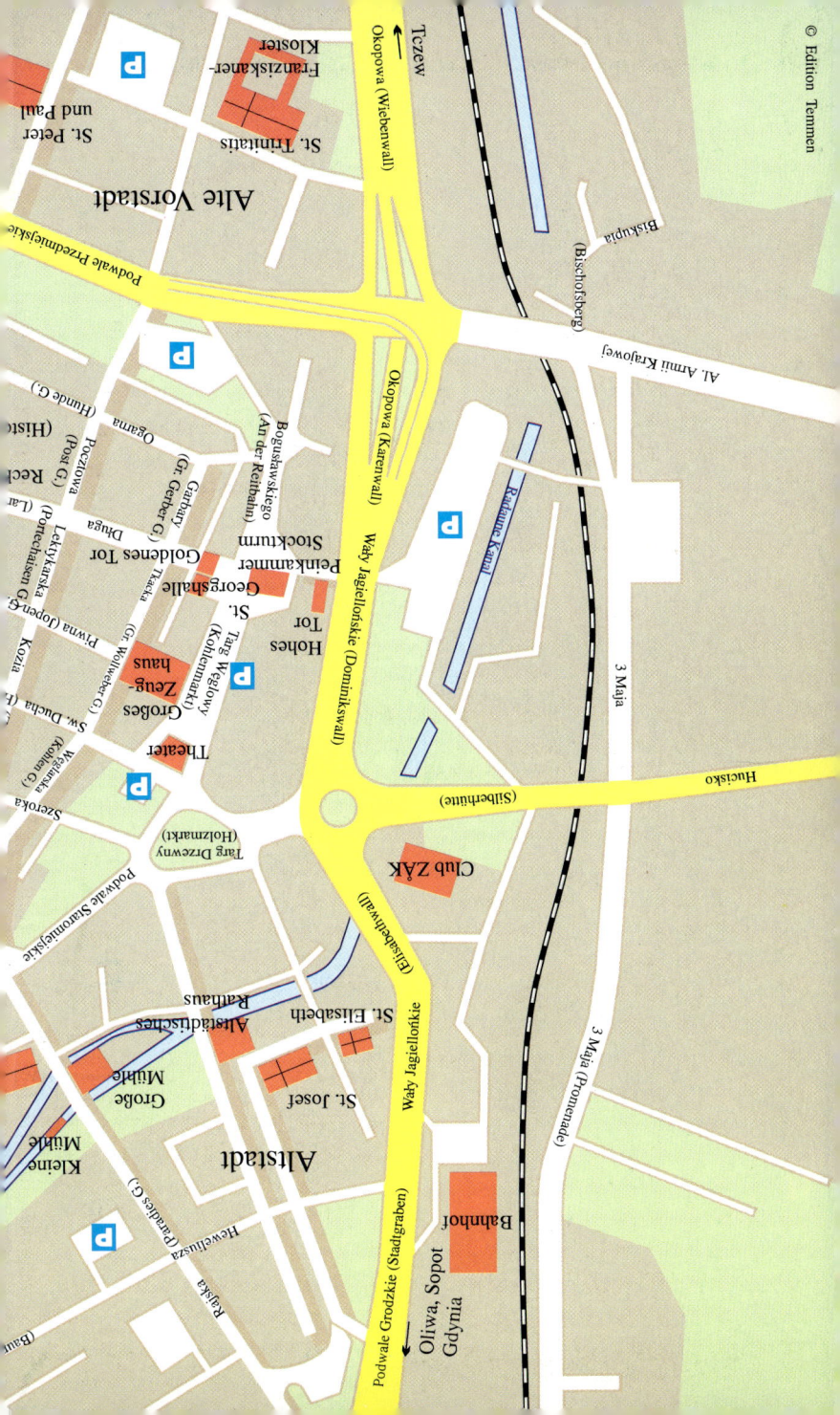

O

Obbergen, Anthony von 84
Ökologische Probleme 66
Oliwa 152
Oliwa, Dom 154
Oliwa, Kloster 152
Oper 73

P

Peinkammer 89
Philarmonie 73
Polnische Post 47, 128
Polnischer Korridor 44
Preußen 39
Przymorze 149
Puck 166

R

Rechtsstädtisches Rathaus 93

S

Schiffbau 61
Schopenhauer, Johanna 118
Solidarność 52, 54
Sopot 159
Speicherinsel 106
Speimann, Johann 101
St. Georgs-Halle 86
Steffensche Haus 100
Stockturm 89
Sturhof 47, 130, 172

T

Theater 70
Trinitatiskirche 138

U

Universität 78

W

Wałęsa 51
Weichsel 168
Westerplatte 47, 141

Z

Zeughaus 84